アジアの隠れた文化

～乗り物に見るアジアの真実～

澤 喜司郎 著

KAIBUNDO

目次

はじめに

文化には直接的に知覚できるものと、できないものがあり、前者は顕在的文化、後者は文化の基層部に潜む「隠れた文化」あるいは基層的文化と呼ばれ、隠れた文化には古い伝統や慣習が強く残っているとされています。隠れた文化は、一般に知られていない文化を意味することもあれば、意図的に隠されている文化を指す場合もあります。いずれにしても、隠れた文化は現地に行って観察することによって初めて知ることのできる文化です。

文化の構成要素は、言語、価値、社会関係、技術の4分野に大別され、それぞれの分野は独自の機能と相対的な自律性を保つと同時に、互いに関連を保ちつつ補足しあい、一つの全体としてのまとまりを形成しているとされています。言語は、独自の機能と相対的な自律性を最も強く保ち、他の分野からの影響を最も受けにくいとされ、価値（道徳、思想、宗教、自然観、価値観など）は人間の内面に関わるため人間のすべての行動の方向性を決定するとされています。社会関係（慣習、制度、法律など）は他の分野との関わりが大きく、技術は経済活動などに関係していると言われています。文化を象徴するアジアの民族言語は、一部の国々では消滅する可能性があると言われ、それは戦後に欧米先進国を模倣するために民族言語を捨てて英語を公用語に指定した国もあれば、グローバル化の名の下に小学校の低学年から英語を教えようとしている国もあるからです。

他方、文化に優劣はありませんが、かつてアジアの植民地時代には「優等人種である白人が劣等人種である非白人に文明を与えるのは義務である」「優れた白人が劣った有色人種を征服することは自然の摂理である」として、西洋文化や白人文化が優れたもので、アジアの文化は劣ったものとされていました。この西洋的価値観が植民地時代にアジアの文化を破壊し、また西洋文化が国際儀礼として標準化されたために自主的に自国の伝統的な文化が捨てられ、このようにして破壊された文化や捨てられた文化が隠された文化と言われることもあります。

国際的な規範や道徳などの観点から他国民には理解できない文化があり、そのような文化は国際的な批判の対象にされることがあります。それは一般的には、西洋の価値観の押しつけという形で表れ、現在でも文化の基準は西洋の価値観にあると言われています。言い換えれば、植民地時代の西洋文化や白人文化の優位性がアジアの人々の心に植えつけられ、現在では無意識のうちに西洋文化や白人文化を称賛するようになっています。かつてコカコーラは、アメリカ文化の象徴と同時にアメリカ帝国主義の先兵と見做され、戦後には資本主義の象徴とされていました。世界中にアメリカ文化が浸透していく様子を表現する「コカコーラニゼーション」という言葉も生まれ、東欧や中東ではコカコーラ排斥運動が起きたと言われています。

本書では、乗り物という観点から、つまり乗り物に見られるアジアの隠れた文化を国別に紹介し、その特徴は何か、なぜそのような文化が形成されたのか、どうして定着したのかについて政治と経済の視点から解説しています。なぜ乗り物なのかと言えば、乗り物にも文化があるからです。隠れた文化の中には日本人には道徳的に理解しがたいものがあり、それについては批判的な記述が行われている個所もあることを予めお断りしておきます。

最後に、本書の出版を快くお引き受け下さいました海文堂出版の岡田節夫社長、編集や校正で大変お世話になりました編集部の方々をはじめ、スタッフの方々に厚くお礼申し上げます。

2014年6月

著者記す

1　アジア

西洋の文化とアジアの文化

アジアとは一般に、ヨーロッパを除くユーラシア大陸全般を言うとされていますが、確立した定義はなく、国際連合はアジアの域内を東アジア、東南アジア、北アジア、南アジア、中央アジア、西アジア（中東・近東）に区分しています。しかし、ロシア連邦（ウラル連邦管区、シベリア連邦管区、極東連邦管区）の北アジア、中東・近東の西アジアをアジアと認識している人は日本では少ないと言われています。また、西洋と東洋という区分があり、西洋とはキリスト教文明に根ざしたヨーロッパ諸国とアメリカを言い、トルコから東が東洋とされ、これはヨーロッパのキリスト教国から見た区分ですが、東洋とアジアはほぼ同様の地域と考えられています。

交通における西洋と東洋の違いの一つと考えられているものに自動車の通行区分があり、それには自動車は原則として道路中央よりも左側の部分を通行しなければならないとする左側通行と、右側の部分を通行しなければならないとする右側通行があります。なぜ自動車は左側通行になったのか、あるいはなぜ右側通行になったのかについては諸説があり、現在でも定説はありません。

日本では自動車は左側通行ですが、世界的には右側通行を採用している国の方が多くあります。左側通行を採用している国にはイギリスと旧イギリス領のアイルランドと香港、イギリス連邦加盟国のオーストラリア、ニュージーランド、インド、パキスタン、バングラデシュ、マレーシア、ブルネイ、シンガポール、ケニア、南アフリカ、キプロス、マルタ、ジャマイカ、ガイアナ、バハマ、サモアなどがあり、このほかタイやインドネシア、東ティモール、スリナム、マカオなども左側通行で、アジアでは左側通行を採用している国が多くあります。

また、アジアの国々の中で第二次世界大戦後に左側通行から右側通行に変更した国に、中華人民共和国（以下、中国と略す）、台湾、フィリピン、韓国、北朝鮮、ミャンマーがあります。通行区分が変更された理由はさまざまで、大陸にある国では隣接する国の通行区分に合わすために変更されたり、欧米諸国に合わすために変更されたりしていますが、中には占い師による助言を受け入れて変更された国もあると言われています。

なお、西洋は右側優先文化、東洋とくに日本は左側優先文化と言われ、日本では茶道も歌舞伎も相撲も左側が優位とされ、右大臣よりも左大臣の方が上位です。近代に入って西洋の文化が国際儀礼として標準化されたため、日本でも左右が入れ替えられたものがあります。たとえば、雛人形の置き方は、京都では向かって左が女雛、右が男雛ですが、関東では左が男雛、右が女雛で、左右が入れ替えられました。自動車の通行区分を含め、左か右かは各国の文化に由来するものですが、西洋文化の国際標準化は東洋の文化、アジアの文化を消滅させることになりました。

他方、右は男性、左は女性、男性は力、女性は優しさを意味することから、西洋の右側優先文化は男性の力の文化、東洋の左側優先文化は女性の優しさの文化と言われています。このように文化論的に考えれば、西洋によるアジアの植民地化も理解しやすくなります。また、東洋では右が過去で、左が未来であるのに対して、西洋では右は未来（外界や意識を象徴）、左は過去（内界や無意識を象徴）を表し、左右の違いはありますが、いずれも優先側が未来になっています。

宗教文化

サミュエル・ハンチントンは『文明の衝突』（1993年）の中で、世界は冷戦時代にはイデオロギーによって自由民主主義国家、共産主義国家、独裁主義国家（第三世界）に分かれていたが、冷戦後には文明を中心とした西欧文明、東方正教会文明（ロシア）、ラテンアメリカ文明、イスラム文明、ヒンドゥー文明（インド）、中華文明（中国）、日本文明に分かれたとしています。これを一般的・多数派的な宗教から見れば、西洋はキリスト教ですが、東洋あるいは広い意味でのアジアにはイスラム教、ヒンドゥー教、仏教などがあり、そのため西洋には共通のキリスト教的価値観がありますが、アジアには共通の宗教的価値観は存在しません。

なお、宗教とは日本では一般に人間の力や自然の力を超えた存在つまり超越的存在（神、仏、法、原理、道、霊など）を認める観念体系に基づく教義、儀礼、施設、組織などを備えた社会集団とされています。具体的には、宗教とは超越的存在についての信念や、超越的なものと人間個人の関係、超越的なものに対する人間個人の態度（信仰など）、信仰に基づいた活動（礼拝や巡礼など）、組織や制度（教会や寺社制度など）、信者の形成する社会や施設（教会堂やモスク、社寺など）と言われています。

アジアには多様な宗教が存在し、たとえば電通総研・日本リサーチセンター編『世界60カ国価値観データブック』（2000年）などによれば、タイでは仏教徒が95％、インドネシアではイスラム教徒が92％、ミャンマーでは仏教徒が90％、インドではヒンドゥー教徒が72％、フィリピンではキリスト教徒が72％とされ、一方で中国では無宗教が93％、ベトナムでは無宗教が46％とされています。

他方、文明とは一般に文化的な特徴と現象の集合体を言い、文化とは人間が学習によって習得した生活の仕方の総称とされ、衣食住をはじめ技術、学問、道徳、宗教など物心両面における生活形成の様式と内容を含み、文化に最も大きく影響しているものが宗教と言われています。アジアの宗教的多様性は、アジアの文化の多様性を意味し、また宗教を信仰する人々は一般に人間関係や社会に対して道徳的であるのに対して、宗教を信仰しない人々は自己中心的と言われることから、アジアの宗教的多様性がアジアの国々の国民性の多様性を形成していると言えます。さらに、仏教は戒律の厳しい上座部仏教（小乗仏教）と世俗的な大乗仏教に分けられ、この違いによって仏教文化は大きく異なるため、同じ仏教国でも国民性に大きな違いが見られます。

なお、キリスト教、イスラム教、ヒンドゥー教など、いずれの宗教も平和や救いを教え、人々はその超越的存在を認め、そのため他の宗教と対峙すると自己の宗教の優位性を主張して排他的となり、ときには宗教紛争が起こることもあります。宗教紛争が異教徒間、異宗派間、信仰のあり方などをめぐって狭い区域内で生起した場合には、それは宗教的偏見や差別感情によってヘイトクライム（憎悪犯罪）の形をとることが多いと言われています。また、共産主義国家では宗教に対する弾圧と信教の自由が侵害されることがあります。

政治文化と所得格差

国家の統治体制を表す政治思想（イデオロギー）は、冷戦終結後にも民主主義、共産主義、独裁主義に大別されています。共産主義とは、財産の一部または全部を共同所有することで平等な社会を目指す思想や理論、体制とされ、共産主義にはソ連型社会主義が含まれます。共産主義の対義語が政治的には民主主義、経済的には資本主義とされ、民主主義の対義語には独裁主義（軍国主義を含む）があり、現実的な統治体制という観点からは共産主義は独裁主義に含まれています。なお、独裁国家とは特定の個人・集団または階級が司法、立法、行政、軍事などの全権を握り、支配している国家とされ、共産主義国家、全体主義国家、軍事独裁政権の国家、絶対王権の国家を指すとされています。

現在、共産党が政権政党となり、他の政党による政権交代が憲法に定められていないアジア（北アジアと西アジアを除く）の国には中国、ベトナム、ラオス、北朝鮮があり、独裁国家と呼ばれている国にはウズベキスタン、シンガポール、トルクメニスタン、ブルネイ・ダルサラーム国、ミャンマーがあります。つまり、アジアには共産主義国家や独裁主義国家が多く、逆に民主主義国家が少ないのが特徴で、イギリスのエコノミスト誌傘下の研究所エコノミスト・インテリジェンス・ユニットが発表している民主主義指数によれば、2010年現在、完全な民主主義国家とされたのは韓国と日本だけで、中国、ベトナム、ミャンマー、北朝鮮は独裁政治体制の国家とされていました。

そして、民主主義指数と経済発展（1人あたり国内総生産GDP）の関係を見れば、主要なアジア諸国（北アジアと西アジアを除く）では一般に民主主義指数の低い国つまり共産主義国家や独裁主義国家では経済発展が遅れていると言えます。ただし、シンガポールのように民主主義指数は比

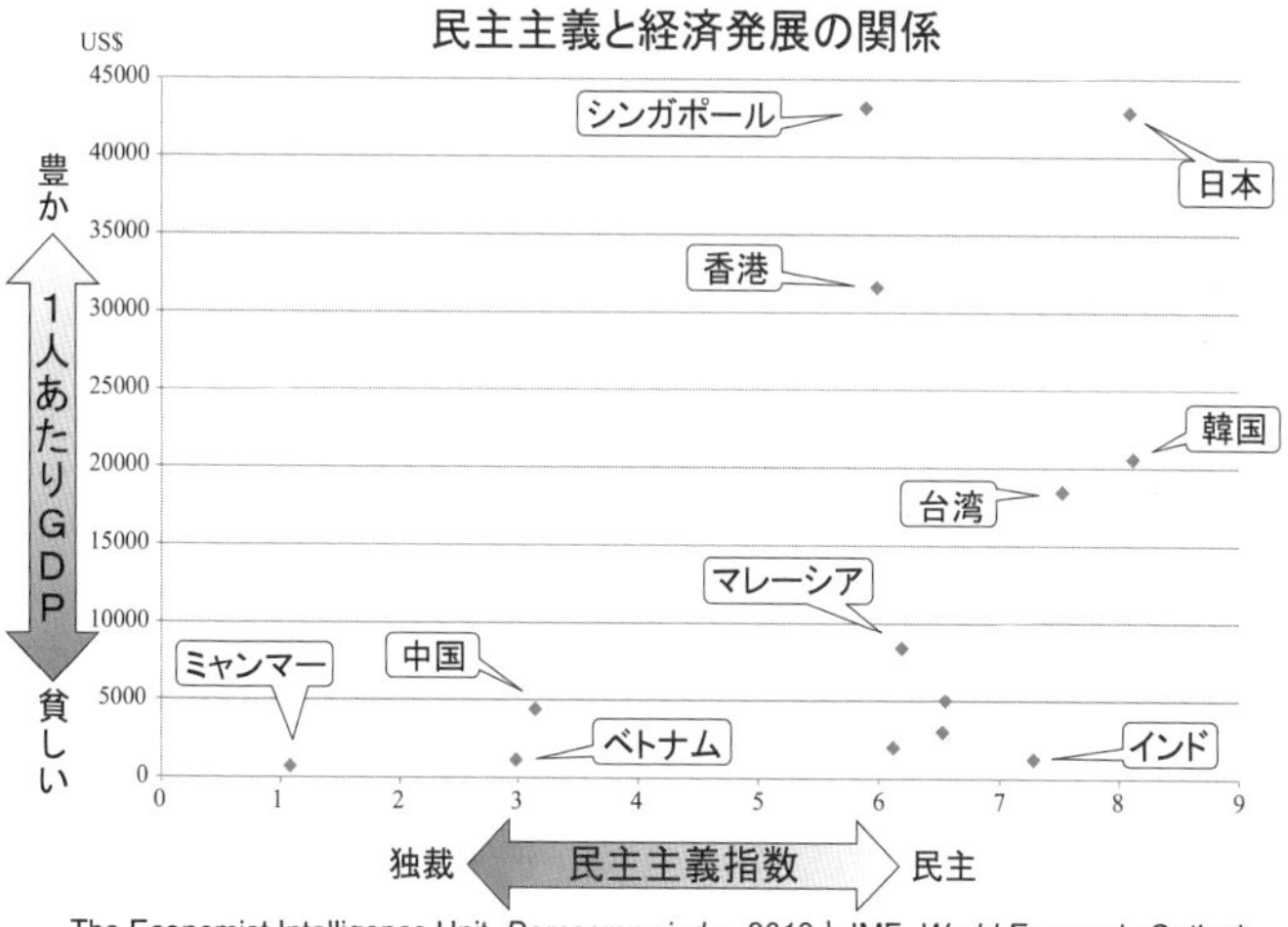

The Economist Intelligence Unit, *Democracy index 2013* と IMF, *World Economic Outlook Database 2010* より作成

較的低いものの1人あたりGDPがアジアで最も多い国もあれば、インドのように民主主義指数は高いものの1人あたりGDPが相対的に少ない国もあります。しかし、中国、ベトナム、ミャンマーという共産主義国家や独裁主義国家では共通して1人あたりGDPが少なく、これは共産主義や独裁主義という統治体制あるいは政治文化が経済発展を遅らせていることを意味しています。

他方、経済発展（1人あたりGDP）と幸福度の関係を見れば、主要なアジア諸国（北アジアと西アジアを除く）では一般に経済発展の遅れた国や共産主義国家、独裁主義国家の幸福度が低くなっていると言えます。ただし、日本と香港のように1人あたりGDPは多いものの幸福度が相対的に低い国もあれば、タイやベトナムのように1人あたりGDPは少ないものの幸福度が相対的に高

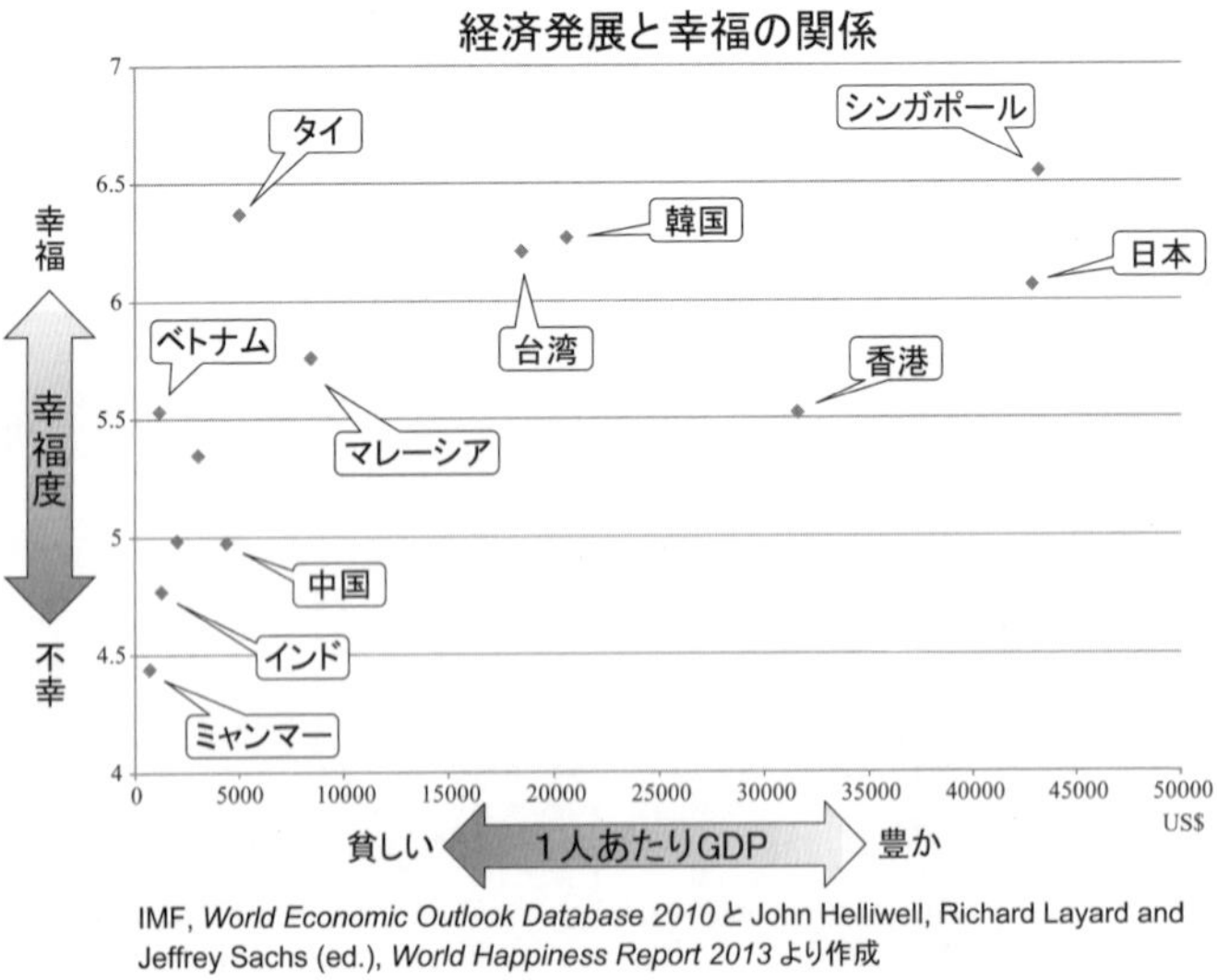

IMF, *World Economic Outlook Database 2010* と John Helliwell, Richard Layard and Jeffrey Sachs (ed.), *World Happiness Report 2013* より作成

い国もあります。香港の幸福度が低い理由は香港が中国に返還され、香港の中国化が進んでいることに関係し、タイの幸福度が高いのは仏教に関係していると言えます。民主主義指数の低い共産主義国家や独裁主義国家の中国とミャンマーでは1人あたりGDPが少なく幸福度も低くなっていますが、同じ共産主義国家のベトナムでは幸福度が相対的に高く、中国とミャンマーとの違いが表れています。

なお、日本の幸福度の相対的な低さは無宗教者が人口の51・8％を占めていることに関係していると言われています。

汚職と賄賂文化

汚職とは一般に、公務員が職権や職務上の地位を利用して個人的利益を図るなどの不正な行為を行うこととされ、日本の刑法では「公務員職権濫用」（第193条以下）と「収賄、受託収賄及び事前収賄」（第197条以下）を汚職の罪とし、「公務員が、その職務に関し、賄賂を収受し、又はその要求若しくは約束をしたときは、五年以下の懲役に処する。この場合において、請託を受けたときは、七年以下の懲役に処する」（第197条）と規定しています。

なお、賄賂とは一般に自分の利益になるよう取り計らってもらうなど不正な目的で贈る金品のほか、人の欲望または需要を満足させるに足る一切のもの（サービスなど）を含むとされ、そのような金品などを送ることが贈賄、受け取ることが収賄と呼ばれています。

汚職実態を監視する非政府組織（ＮＧＯ）のトランスペアレンシー・インターナショナルが発表している公共部門の腐敗認識指数つまり清潔度によれば、２０１３年現在、主要なアジア諸国（北アジアと西アジアを除く）の中で指数が51以上の国はシンガポール、香港、日本、台湾、韓国だけです。つまり、アジアでは汚職が一般的に見られ、汚職が文化として定着し、汚職文化はアジアの一つの特徴になっていると言われています。

なお、民主主義指数と腐敗認識度（清潔度）の関係を見れば、主要なアジア諸国（北アジアと西アジアを除く）では一般に民主主義指数の低い国（共産主義国家や独裁主義国家など）では清潔度が低く汚職が多くなっています。民主主義レベル

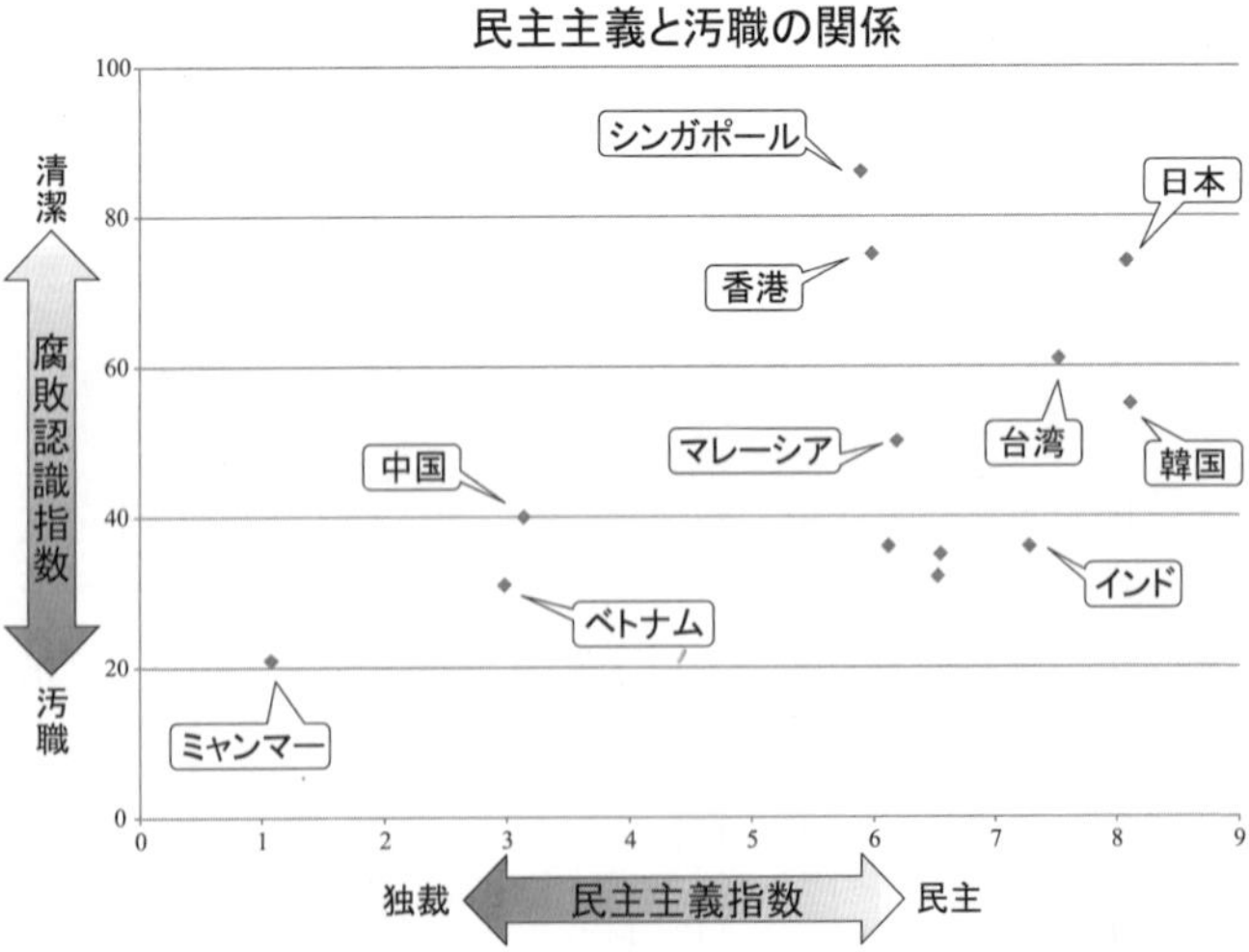

The Economist Intelligence Unit, *Democracy index 2013* と Transparency International, *Corruption Perception Index 2013* より作成

の低い共産主義や独裁主義という統治体制では汚職が蔓延化し、それは共産主義体制や独裁主義体制そのものが汚職を正当化する体制に他ならないからです。ただし、シンガポールのように民主主義指数は比較的低いものの清潔度がアジアで最も高い国もあれば、インドのように民主主義指数は比較的高いものの清潔度が相対的に低い国もあります。

また、清潔度と経済発展（1人あたりGDP）の関係を見れば、主要なアジア諸国（北アジアと西アジアを除く）では一般に清潔度の低い国（共産主義国家や独裁主義国家など）では1人あたりGDPが少なくなっています。それは、汚職の多い国では国民に再分配されるべき富が公権力を行使する者（統治者や公務員など）の個人的利益になっているからで、そのため1人あたりGDPが

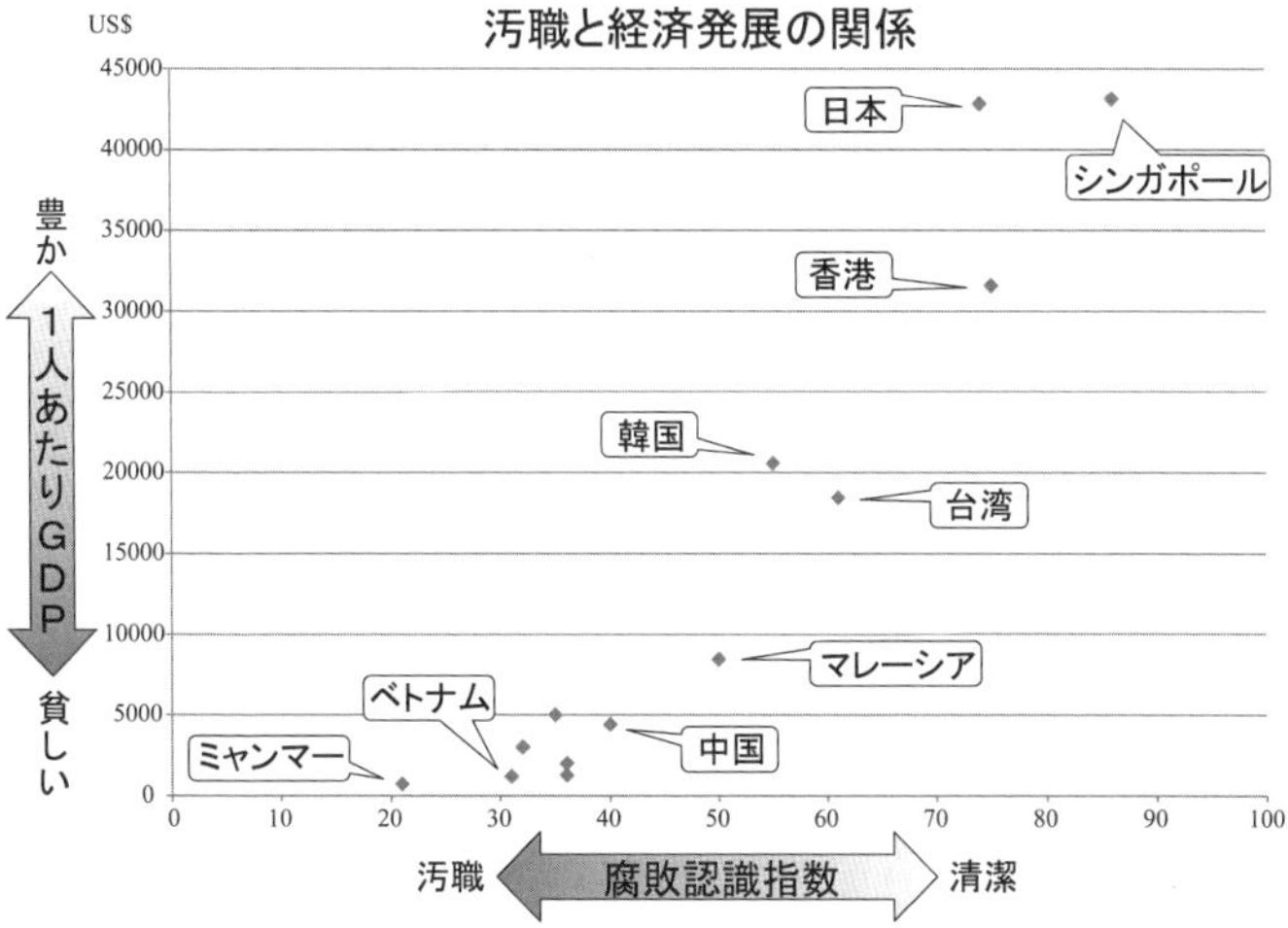

Transparency International, *Corruption Perception Index 2013* と
IMF, *World Economic Outlook Database 2010* より作成

少なくなっています。言い換えれば、汚職が経済の発展を阻害していると言えます。

この汚職と賄賂の背景にあるものが「コネ」で、コネは社会の至るところに浸透し、「コネ社会」と呼ばれる中国ではコネや人脈を互いに売買する「人脈ネット」に人気があり、「公務員になれるコネ」を8万元（約120万円）で募集する人もいると報じられています。また、中国などアジアの共産主義国家や独裁主義国家では権力をバックとする利益共同体が国家予算や国有財産を私物化して分配し、この利益共同体には共産党幹部や官僚ばかりか、その家族・親類から知人まで含まれ、地縁や血縁による人的ネットワークが利権の分配を通じて強化されるという構造になっていると言われています。

鉄道と模倣文化

全国的なネットワークを持つ鉄道は一般に、国有国営という形態で運営され、経済の発展した国には地方自治体が運営する公営都市鉄道もあります。日本の都市鉄道では民有民営という形態の多くの民間鉄道がありますが、アジアには民間鉄道はほとんどなく、この点で日本とアジアの国々には違いがあります。

鉄道が果たす役割には、①経済発展の基礎的な条件としての大量の人や貨物の安定的な輸送による国内市場の統一と経済の活性化、②鉄道建設による雇用の創出と重工業化の促進、③国家緊急時の軍隊や物資の迅速な移動と輸送による国家の独立性と平和の確保、④列車の定時運行による近代的な行動様式としての規律性の確保、⑤新型車両の導入などによる国家威信の発揚などがあげられています。

そのため、鉄道は国有国営形態で運営され、同時に政府が鉄道を政治に利用していることから鉄道には政治文化が見られます。たとえば、中国や韓国、台湾、ベトナムでは列車に政治的な意図や社会目標を含んだ名称がつけられ、中国の「和諧号」の和諧とは調和を意味する語で、持続可能な発展（真意は共産党独裁政権の持続的安定）を目指す中国の政治スローガンとして頻繁に使われています。鉄道を政治的に利用している中国、韓国、台湾、ベトナムに共通することは大中華思想や小中華思想があることです。

他方、アジアの国々では鉄道整備の重要性は認識されていますが、自国の財政力と技術力だけで鉄道を整備することが不可能なため、現在でも外国からの鉄道技術の導入や財政的な支援を受けて鉄道の整備が行われています。外国の鉄道技術を導入して建設された代表的なものに、韓国、台湾、中国の高速鉄道があり、韓国ではフランスのTGVが導入され、台湾では車両は日本製、分岐器（信号）はドイツ製、列車無線はフランス製、レールやトンネル、橋梁は国際入札によって欧州規格で造られました。中国では独自の技術で高速列車を開発することが困難なため、日本やドイツなどから高速鉄道技術（高速鉄道車両など）が輸入されました。アジアの国々への鉄道技術輸出で問題になっていることは、一部の国が知的財産権を侵害し、輸入車両のデザインや技術を模倣した車両を国産と主張して海外に売り込もうとしていることで、アジアでは鉄道車両に限らず多くの分野で模倣文化（コピー文化）が定着しています。その背景にあるのが、アジア的貧困と言われています。

他方、経済発展の遅れたミャンマーでは中古の鉄道車両が輸入され運行されていますが、経済が発展したシンガポールでは最先端の鉄道技術の輸入によって都市鉄道の整備が進められ、自動運転によって案内軌条を走行する軌条式中小量輸送システム（ＬＲＴ）が１９９９年に導入され、また鉄輪方式の鉄道としては２００３年に世界初の無人運転が開始されました。

アジア的貧困と外国人料金

バスは、鉄道とともに人々の重要な交通手段で、鉄道整備が遅れた国つまり経済発展が遅れた国々（発展途上国あるいは開発途上国）ではコスト面からバスが主たる交通手段になっています。バスは一般に、都市内や都市間で運行される乗合の路線バスと、貸切で運行される貸切バス（観光バス）に大別されます。

発展途上国の路線バスにはエアコンがなく、バス停には時刻表がありません。経済が発展した国ではバスにエアコンが装備されているのが当たり前ですが、発展途上国ではないのが当たり前で、エアコンのあるバスの運賃は高く設定されています。バス停に時刻表がないのは、無秩序に発展した自動車交通による道路混雑によって定時運行ができないことや、経済が発展途上にあるため近代的な行動様式としての規律（人の行為の基準となるもの）がバス事業で確立されていないからと言われています。バス停を知らせる車内アナウンスのない国や、バス停に名称のない国、日本から輸入された中古バスをそのまま運行している国もあります。

また、アジアには国際列車、国際バス、国際タクシーが運行されている国があります。たとえば、シンガポールとマレーシアを結ぶ国際バスは高頻度で運行され、それはマレーシアからシンガポールに毎日通勤している人がいるからで、また香港の中国境界行きバスも中国から香港への通勤者によって利用されています。一方で、経済発展の遅れによって鉄道が発達していない国々では長距離バスや国際バスが運行され、走行距離が５００㎞超の路線や乗車時間が24時間を超える路線も珍しくなく、それらの路線ではベッドを備えた寝台バスが運行されています。なお、寝台バスは発展途上のアジアの国々では高速列車や航空機の代替交通手段になっています。

他方、発展途上国でもエアコンが装備された豪華なバスが外国人観光客のための貸切バス（観光バス）として運行されています。それらの国々では一般に外貨が不足しているため、外国人観光客の受入は外貨を稼ぐ最も簡単な方法になっています。外国人観光客を受け入れるためには歴史や文化などの観光資源はもとより、宿泊施設や交通機関を整備する必要があり、とりわけ観光地間を移動するための交通機関の整備は不可欠で、そのため一般に比較的安価に整備できる貸切バスが使われています。ただし、それらの国々には交通機関の運賃や観光地への入域料、施設入場料などで外国人には自国民よりも高い運賃や料金を課す「外国人料金」制度があり、この外国人料金制度が汚職の手段となり、ここに汚職文化の片鱗が見られます。なお、発展途上の貧しい国では外国人料金など高い運賃を課すために外国人観光客から敬遠され、そのため貧しさから脱却できないという貧困の悪循環に陥っていることがあり、それはアジア的な貧困文化が定着しているからです。

また、経済が発展した国では乗合の定期観光バスが比較的安価な運賃で運行され、それには2階建てバスや2階部分の屋根の一部がないセミオープントップバスなどが使用され、外国人観光客にも好評です。

自家用乗用車と貧富の差

自家用乗用車の普及は、国や人々の生活の物質的な豊かさを表す一つの指標とされ、2011年末現在の世界の人口1人あたりの乗用車普及率は10・7%、日本は45・9%で、国によって大きな差があります。一般に乗用車普及率は、経済が発展した豊かな国々では高く、発展途上の貧しい国々では低く、また乗用車普及率の高い国の中でも富裕な人々は一般に高級車と呼ばれる高価格の乗用車を保有し、それ以外の人々は大衆車と呼ばれる比較的安価な乗用車を保有しています。このような国や個人の差は、貧富の差あるいは所得格差、経済格差と呼ばれています。

乗用車の世界生産台数比率は、2012年には中国24・6％、日本13・6％、ドイツ8・5％、韓国6・6％、インド5・2％で、この上位5か国で世界全体の58・5％を占め、中国、日本、韓国、インドのアジア4か国で世界全体の50・0％を生産し、アジアは世界の乗用車の一大生産拠点になっています。生産された乗用車の大半がアジア市場向けで、これはアジアが経済発展していることを表し、一般に1人あたりGDPが3000米ドルを超えると乗用車が普及すると言われています。しかし、急激な自家用乗用車の増加は道路交通渋滞と大気汚染の原因になっています。

そして、中国や韓国のような新興自動車生産国では知的財産権侵害問題、つまり他国の乗用車のデザインなどを模倣するという問題が起きています。たとえば、2007年に公開された韓国の現代《ヒュンダイ》自動車のジェネシス試作車のデザインを「ニューヨークタイムズ」（2007年4月5日付）は「前からはトヨタカムリ、横からは日産マキシマ、後ろからはビュイックに見える」と報じていました。また、中国の奇瑞《キルイ》汽車が製造し輸出しているチェリーQQは中国ではセカンドカーとして人気が高い乗用車ですが、米ゼネラルモーターズ（GM）が中国で販売している競合車種のシボレー・スパークに酷似しているとしてGMから告訴されました。このようないわゆる「パクリ」問題は一般に、発展途上国で見られます。

なお、ベンツやBMW、レクサスなどの高級外車は、発展途上国の一部の人々によっても保有され、それは貧富の差あるいは所得格差を表し、著しい貧富の差は共産主義国家や独裁主義国家で典型的に見られます。それは、共産党幹部や官僚、その血縁・地縁者などが国家予算や国有財産を私物化して私腹を肥やし、汚職が文化として定着しているからです。

他方、乗用車普及率が低い国では路線バスが人々の重要な交通手段になっていますが、路線バスの整備も遅れ、輸入した中古バスとともに軽トラックや小型トラックを改造したトラックバスが運行されています。トラックバスは、無蓋のトラックの荷台に簡単な屋根とベンチ状の座席を取りつけたもので、多くの人々によって利用されているため座席が足らず、車両後部の乗降ステップに立って車体にしがみついて乗っている人や、屋根の上に荷物と一緒に乗っている人もいます。このようなトラックバスは発展途上のアジアの国々では一般的に見られ、トラックバスも貧富の差を表しています。

三輪自転車タクシーと貧困文化

三輪自転車とは、自転車と人力車を合体したような三輪の乗り物で、アジアの国々の中には人力車に代わる乗り物として現在でも三輪自転車がタクシーとして使われている国があります。三輪自転車タクシーは、インドではサイクルリクシャ、ベトナムではシクロ、シンガポールではトライシャ、フィリピンではトライシクル、ミャンマーではサイカー、中国では人力三輪車などと呼ばれています。

三輪自転車タクシーには、自転車の前半分と人力車の客席部分を結合した前一輪後二輪の後座席型、自転車の後ろ半分と人力車の客席部分を結合した前二輪後一輪の前座席型、自転車の横に人力車の客席部分を結合した横座席型があり、国によって使われている型式が異なっています。ベトナムのシクロは前座席型、シンガポールのトライシャとミャンマーのサイカーは横座席型、中国の人力三輪車は後座席型で、ここに文化の違いが見られます。

かつて日本にあった三輪自転車は後座席型で、ガソリンの窮乏とともに1940年頃に登場し、1947年には三輪自転車タクシー「輪タク」の営業が始まり、戦後の一時期には爆発的に普及しましたが、経済の発展や自動車の普及とともに次第に姿を消していきました。輪タクが戦後に爆発的に普及したのは復員兵士など失業者が多く、わずかな費用で自転車を改造して輪タクを始めることが可能だったからで、現在のアジアの三輪自転車タクシーにも同じような経済的事情や背景があります。

他方、三輪自転車タクシーが自然消滅した国もあれば、政策的に廃止・排除された国もあり、たとえばマレーシアとインドネシアの首都などでは三輪自転車タクシーが禁止されました。それは、戦後独立し西洋型の近代化を追求していた国々では植民地＝停滞・貧困、独立＝近代化という考え方にとらわれ、三輪自転車タクシーを植民地時代の名残で、「停滞するアジア」「アジアの貧困」

の象徴と考え、停滞や貧困というイメージを払拭するために外国人が比較的多く訪れる首都から三輪自転車タクシーが強制的に排除されました。

なお、三輪自転車タクシーが「植民地時代の名残」「アジアの停滞と貧困」の象徴と見做されたのは、「優れた白人が劣った有色人種を征服することは自然の摂理である」と考えられていた西洋の植民地政策の下では奴隷制社会のように車を曳くのは奴隷つまりアジア人の仕事とされ、そのため戦後独立した国々の政府が三輪自転車タクシーを人種差別的で奴隷労働の象徴と考えていたからです。そして、現在の三輪自転車タクシーは人種差別的な奴隷労働の象徴ではなく、汚職文化の下でのアジア的な貧富の差つまり貧困文化を表しています。貧困文化とは一般に、貧困者が貧困生活を次世代に引き継がせることによって形成され、そのような生活習慣や世界観は政治的腐敗の産物と言われています。

二輪車の一大文化圏

乗用車が普及していないアジアの国々の中には、乗用車の代わりに二輪車（バイクやスクーター）が驚異的に普及している国があります。2011年現在の二輪車普及率（人口100人あたり保有台数）は、台湾65・3台、ベトナム39・6台、マレーシア34・7台、タイ27・3台、インドネシア22・1台、日本9・5台、中国7・6台、保有台数で見ると中国1億260万台、インドネシア5

243万台、ベトナム3340万台、タイ1815万台、台湾1517万台、日本1221万台、マレーシア999万台で、欧州で最も二輪車が普及し保有されているイタリアの普及率14・2台、保有台数861万台を大きく上回っています。

また、二輪車の生産台数は中国、インド、インドネシア、ベトナム、タイ、台湾のアジア6か国で世界全体の9割を超え、アジアは二輪車の生産、保有、普及において世界の一大拠点となり、二輪車の一大文化圏を形成しています。アジアの二輪車文化は二輪車の実用性に基づいて形成され、趣味性に基づいて形成されたヨーロッパの二輪車文化と違い、アジアで実用性が重視されているのは二輪車が生計手段となっているからで、それはヨーロッパとアジアの貧富の差を表しているとされています。

なお、日本以外のアジアの国々では二輪車の3人乗りや4人乗り、中には5人乗りという曲芸的な乗り方をしている二輪車を見かけます。またベトナムやタイ、中国などには二輪車の後部座席に人を乗せて輸送するバイクタクシーがあり、横乗りをしている女性客もいます。

他方、三輪バイクもアジアの国々ではトラックやタクシーとして広く使用されています。三輪貨物バイクは、バイクの前半分の後ろに軽トラックの荷台部分を結合したようなもので、日本では「オート三輪」と呼ばれ、1931年に発動機製造（現ダイハツ工業）がダイハツ1号車HB号を発売し、東洋工業（現マツダ）も同年にマツダ号の生産を開始し、翌1932年には中華民国の大連や青島に輸出していました。三輪貨物バイクには、前一輪後二輪の後荷台型、前二輪後一輪の前荷台型、横荷台型（サイドカー型）があり、貨物の運搬や行商などで使われ、アジアでは三輪貨物バイクは重要な貨物輸送手段としての役割を担っています。

なお、三輪バイクタクシーは三輪貨物バイクを改造して荷台部分に屋根や座席、ドアを取りつけたものと、当初から客席がオープン仕様の三輪乗用バイク（タクシー用）として製造されたものがあります。また、中国には屋根やドアが最初から一体的に形成されたフルキャビン型の三輪バイクもあります。

三輪自動車とアジア文化

三輪自動車は車輪が3つの自動車で、日本ではダイハツが1957年に発売したミゼットDK型や1959年に発売したMP型、東洋工業（現マツダ）が1959年に発売したK360などが三輪自動車として知られています。ダイハツミゼットは1972年の生産中止までに31万7000台が生産され、うち2万台が輸出されるなど、当時のベストセラーカーの一つにあげられています。ミゼットDK型はバー（棒）ハンドルで、キャビンの屋根は幌、ドアがなく、そのため三輪バイクのように見えますが、差動装置（動力に差をつけ振り分ける装置）や後退ギヤ、動力伝達用のシャフトドライブが装備され、本格的な自動車としての強度を有するプレスフレームが採用され、二輪車や三輪バイクとはまったく異なる機構を持つ三輪の自動車です。

現在のアジアで代表的な三輪自動車タクシーには、タイのサムロー（通称トゥクトゥク）とインドのオートリクシャー、中国の三輪微型汽車があります。

タイのトゥクトゥクは、日本の郵政省（当時）が郵便収集用に使用していたダイハツミゼットを政府開発援助（ＯＤＡ）としてタイに輸出したのが始まりと言われています。タイでは多様で個性的な三輪自転車型サムローや三輪バイク型サムローを生み出した技術をもとに、三輪自動車型サムローの修理や改造などを通じて技術蓄積が行われ、現在では新型のオリジナルな三輪自動車型サムローが生産され、アフリカや中近東、南アジアに輸出されています。

インドのオートリクシャーは、イタリアのピアジオ社製三輪バイクのアベＤ型がインドで１９５９年からライセンス生産されるようになったことや、１９７１年にバジャージオート社が三輪自動車の生産を開始したことが始まりと言われています。オートリクシャーには後部に２人乗り前向きシートがあり、屋根には日除け用にビニール生地が張られ、客席の側面は開放されています。運転席は前席中央にあり、ハンドルはバーハンドルで、この点ではタイのトゥクトゥクと同じです。インドの三輪自動車は、パキスタン、バングラデシュ、ネパール、スリランカ、インドネシアなどインド文化圏や経済圏に輸出され、それぞれ三輪自動車タクシーとして使用されています。

中国の三輪微型汽車は、トゥクトゥクやオートリクシャーと異なり、軽自動車の前輪を一輪にしたようなものです。

なお、カール・ベンツが1885年に試運転に成功した世界初のガソリン自動車「パテント・モートルヴァーゲン」は三輪自動車でしたが、1894年のヴェロは四輪に変更され、ゴットリープ・ダイムラーが1889年に製作した「シュトゥルラートヴァーゲン」も四輪でした。自動車は一般にヨーロッパでは「馬なし馬車」として発達したため四輪車が基本とされていますが、アジアではトゥクトゥクやオートリクシャー、それにダイハツミゼットのように三輪バイクの延長線上に三輪自動車があり、アジア特有の発展が見られることから、三輪自動車はアジアの文化の一つに数えられています。

2 韓国

韓国の経済と交通

大韓民国（以下、韓国と略す）の経済は、朝鮮戦争（1950年6月～1953年7月休戦）以降大きく立ち遅れていましたが、ベトナム戦争への参戦によるベトナム特需と、日本からの多額の経済援助（約11億ドルの無償資金と借款）や技術援助などによって「漢江《ハンガン》の奇跡」と呼ばれる高度経済成長を達成しました。そして、韓国は新興工業経済地域（NIES）の一つに数えられるようになり、1996年にはアジアで2番目の経済協力開発機構（OECD）の加盟国になり、先進国の仲間入りをしました。

しかし、翌1997年のアジア通貨危機によって韓国経済は国家破綻寸前まで追い込まれ、国際通貨基金（IMF）の支援や日米欧の民間銀行による債務返済繰り延べ合意を受けて辛うじて危機を乗り切りました。しかし、安い人件費を武器にした中国の躍進に対抗できず、また日本の先端技術に追いつくこともできないというジレンマに陥り、韓国内ではこのような状態が「日中サンドイッチ論」と呼ばれています。また、韓国では輸出の増大に伴って日本からの部品輸入や日本への特許使用権料の支払いが増加し、戦後一貫して韓国の対日貿易では赤字が続いています。それは、技術や部品、素材など、あらゆる面で日本への依存度が極めて高く、日本市場では韓国製品の信頼性は低く、日本への輸出が難しいからです。

なお、韓国の主要な産業は情報技術、造船、鉄鋼、自動車などで、とくに自動車はアメリカやヨーロッパをはじめ世界各国へ輸出されていますが、韓国車のデザインについては他社との類似性（模倣）が指摘されています。また、日本との関係では韓国は１９８８年に自動車の輸入を自由化しましたが、反日政策の一環として自動車を対日輸入禁止品目に指定し、そのため韓国で日本車が輸入・販売されるようになったのは１９９８年７月以降のことです。このような反日政策が韓国経済の発展を阻害していると指摘されています。

他方、朝鮮半島では鉄道の建設が遅れ、最初の鉄道は１８９４年に「日韓暫定合同条款」に基づいて日本が李王朝から漢城《ハンソン》（現ソウル）～仁川《インチョン》間（33㎞）の鉄道敷設権を獲得して建設した朝鮮総督府鉄道（後の京仁《キョンイン》線）で、１８９９年に開通しました。その後、１９０５年に漢城と釜山《プサン》を結ぶ京釜《キョンブ》線（４４１·７㎞）、１９０６年には漢城と新義州《シニジュ》を結ぶ京義《キョンイ》線、１９１４年には大田《テジョン》と木浦《モクポ》を結ぶ湖南《ホナム》線、龍山《ヨンサン》と元山《ウォンサン》を結ぶ京元《キョンウォン》線が完成し、ほぼ幹線ができあがり、１９４２年には京城《キョンソン》（現ソウル）の清涼《チョンニャン》里《ニ》と慶州《キョンジュ》を結ぶ中央《チュンアン》線（３８６·６㎞）が全線開業しました。これらの鉄道の多くは日本の技術と資金で建設され、日本が朝鮮半島で鉄道経営にあたっていた最盛期には路線延長は５０００㎞以上に達していました。

戦前および戦中には朝鮮総督府鉄道局や朝鮮総督府交通局によって鉄道が管理・運行されていましたが、戦後の１９６３年９月に韓国鉄道庁が交通部の外庁として発足するまではアメリカ陸軍鉄道運用大隊が管理・運行していました。そのため、鉄道の管理・運行は日本式からアメリカ式に変更され、アメリカによる西洋文化の押し付けが現在でも鉄道の左側通行と右側通行が混在する原因となり、また李王朝時代から続く中央集権体制が鉄道序列を形成するなど、韓国の鉄道には発展途上国と同じような不条理で不合理な問題があります。

高速バスと優等文化

高速バスとは、韓国では走行区間の60％以上が高速道路で、座席指定制を採用しているバスを言い、ソウルと京畿道《キョンギド》以遠の都市を結ぶ路線や、中・長距離の都市間を結ぶ路線で運行されています。高速バスには、一般《イルバン》高速バスと優等《ウドゥン》高速バスがあり、一般高速バスの座席配置は2列＋2列（客席44席）ですが、優等高速バスの座席配置は一般に2列＋1列（客席27席）です。一般高速バスに比べて、優等高速バスの座席はゆったりとし、リクライニングも装備され、そのため運賃は一般高速バスの5割増です。現在では多くの国で3列座席のバスが運行されていますが、そのバスが「優等バス」と呼ばれることはなく、ここに韓国の文化が見られます。

優等と呼ばれる高速バスが存在するのは韓国の優等文化によるもので、高速バスに限らず韓国ではあらゆるところで優等文化が見られます。優等とは、一般に「他より特に優れていること」を言い、この意味から韓国の優等高速バスは速達性や車内設備の特に優れたバスを指すものと考えられますが、韓国では速達性が優等高速バスの条件ではなく、2列＋1列の座席配置が優等高速バスの条件になっていて、優等か否かはバスの座席設備によって決められています。つまり、高速バスに要求される本来の速達性（速度）というサービスの質ではなく、車両の設備という物質的な内装（座席）の質の高さが優等高速バスの条件になっています。

これには、韓国の人々の「自己顕示欲が強い」「虚栄心が強い」「自尊心が強い」「見栄っ張り」「権威主義的」という国民性が表れています。なお、このような国民性が形成されたのは、韓国（朝鮮）では李王朝時代から権威主義的な政治が行われ、その伝統は戦後にも引き継がれて多くの大統領が権威を誇示した力の政治を行い、また歴史的には李王朝が儒教（統治思想）に基づいた統治を行い、中国式の戸籍制度が導入されたことによって社会階層が細分化され、それによって身分制度が強固なものにされるとともに差別意識が助長され、富と権力を握っていた少数の特権階級（貴族）と支那に抑圧されていたという劣等感の裏返しと羨望によって権威を志向するようになったからです。また、韓国は「傷つきやすいエゴをもっている国」と言われることがありますが、むしろ「傷つきやすいプライド（自尊心）をもっている国」という表現の方が適切で、それは韓国の人々の自尊心が劣等感の単なる裏返しに過ぎないからです。

他方、優等文化は韓国の社会一般に見られ、たとえば韓国は世界でも有数の整形大国で、盧武《ノム》鉉《ヒョン》元大統領も整形したと言われているほどです。それは韓国では外見が恋愛、結婚、就職、昇進など社会生活全般に影響するからで、こうした外見至上主義は「他より優れている（美しい）こと」を誇示し、それに価値を見いだそうとする優等文化そのものと言えます。

なお、結婚相手を選ぶ基準についての調査結果によれば、男性は①性格、②顔、③スタイルを基準とし、女性は①性格、②経済力、③顔を基準としているため、韓国の男性には経済力と顔、女性には顔とスタイルが必要と言われています。ただし、このような基準は経済情勢によって大きく変化します。

市外バスと差別文化

韓国には、高速バスのほかに市外バスと呼ばれるバスがあります。市外バスは、中距離の都市間や地方都市を結ぶバスで、市外バスの中には走行区間の60％以上が高速道路というバスもありますが、座席指定制が採用されていないために高速バスとは呼ばれていません。しかし、市外バスを運行しているバス事業者は、市外バスを「市外高速バス」と自称し、正規の高速バスへの対抗意識を露にしています。この対抗意識には「自己顕示欲が強い」という韓国の人々の国民性が見られ、それは優等文化が定着している韓国では常にあらゆるものが比較されるとともに序列化され、韓国の人々は市外バスよりも高速バスがランク的に上位と考えているからです。だからこそ、市外バス事業者はランク的に上位の「高速バス」という名称にこだわっています。この市外バスにも高速バスと同じように、優等バスと一般バスがあります。

なお、高速バスや市外バスの中には渋滞を避けるために運転手の判断で走行ルートを変更するバスがあり、それは渋滞でバスの到着が遅れれば乗客が大声で文句を言うからです。この大声で文句を言うという行為自体が、韓国の人々の「傷つきやすいプライド」を表しています。つまり、プライドの高い韓国の人々は「低く見られる」「軽くあしらわれる」ことによってプライドが傷つけられたと思い込み、そのため激怒し、大声で文句を言うことによって相手を威嚇しようとする権威主義的な自己顕示行動をとります。韓国の人々の行動が「傲慢だ」と非難されることがありますが、それは韓国の人々には「傷つきやすいプライド」があるからです。

他方、エアポートリムジンとは空港と主要ホテルを結ぶバスを言い、仁川国際空港にはＫＡＬリムジンがあります。ＫＡＬリムジンは、大韓航空（ＫＡＬ）によって仁川国際空港と主要なホテルを巡回するループ型路線で運行され、バス車両は3列座席（2列＋1列）の優等バスで、定員は25名です。また、ＫＡＬリムジンのほかに空港と市内を結ぶ空港バスには優等リムジン（高級リムジン）と一般リムジン（空港バス）があり、優等リムジンは3列座席（2列＋1列）で定員は27名、一般リムジンは2列＋2列の座席配置の車両が使用されています。

ここにも韓国の優等文化が鮮明に見られ、ＫＡＬリムジン、優等リムジン（高級リムジン）、一般リムジン（空港バス）という序列が形成されているため、優等リムジンは最上位にあるＫＡＬリムジンへの対抗意識から「高級リムジン」という呼称を使っています。そして、サービスの質でなく名称という「外観」にこだわるのは、韓国の人々が見栄っ張りで虚栄心が強いからで、そのため「見てくれ」に神経を使うようになり、それが外観至上主義として定着しています。外観至上主義が定着したのは、李王朝時代には多くの人々が奴隷状態に置かれていたからで、また韓国はもともと両班《ヤンバン》文化（貴族文化）の国だったため、奴隷のようにあくせく動いたり働いたりすることを「はしたない」と見る風潮（文化）があります。

なお、韓国の優等文化は裏を返せば差別文化で、韓国の差別文化は国際的にも問題視されています。韓国で差別が定着したのは、李王朝時代に定着した儒教や朱子学（再構築された儒教の新しい体系・程朱学派）が絶対的な身分階級と差別社会を作り上げたからです。そして、韓国に見られる現在の差別文化つまり韓国の人々の差別意識や慣習には外国人差別、女性差別（男尊女卑）、障害者差別、地域差別、職業差別、在日差別があり、とりわけ外国人差別は甚だしいと言われています。

観光バスと事大主義

世界でも有数の観光名所の宝庫と言われるソウルには、ソウルシティツアーバスと呼ばれる定期観光バスがあり、２００６年に釜山、２００７年にソウルで赤い2階建てバスの運行が始まりました。この赤い2階建てバスの登場によって韓国の人々の利用が増加し、それは韓国の人々が「大きくて派手で高級そうなもの」を好むという国民性を持っているからです。つまり、自己顕示欲の強い韓国の人々の間では「とにかく自動車は大きくて高級そうに見えないと駄目」と言われ、それは韓国の人々が根拠のない自己顕示に駆られているからで、根拠がないため「大きなもの」「派手なもの」「高級そうなもの」を志向し、このような自己顕示は事大主義の名残と言われています。

事大主義とは自分の信念を持たず、支配的な勢力や風潮に迎合して自己保身を図ろうとする態度や考え方を言い、李王朝時代には事大主義が外交政策の柱になっていました。この事大主義的な考え方が戦後にも顕在化していたため、朴正熙《パクチョンヒ》元大統領は事大主義を批判し、事大主義の悪い遺産として「怠惰と不労働所得観念」「開拓精神の欠如」「悪性利己主義」「健全な批判精神の欠如」「党派意識」「特権・エリート集団意識」などをあげていました。

外交政策としての事大主義では「強く大きな国」に従服するため、「大きなもの」が好きという国民性が生まれ、それは「大きなもの」「強いもの」に取り入るための賄賂文化を生み出しました。この事大主義は、李王朝時代の朝貢外交に典型的に見られます。

他方、韓国には模範《モボム》タクシーと一般タクシーがあり、模範タクシー（デラックスタクシー）は外国人のために外国語に堪能な運転手を配置し、2000ccクラスの黒い大型車の車体に黄色のランプをつけたタクシーを言います。料金は一般タクシーのおよそ2倍弱と割高ですが、一般タクシーでは相乗りが行われていたため、相乗りのない模範タクシーは外国人ばかりか韓国の人々によっても利用されていました。模範タクシーでは「模範」という語が使われていますが、それは一般タクシーと区別した優等タクシーを意味しています。韓国の人々が模範タクシーを利用するのは、優等バスが利用されるのと同じように、運賃の高いタクシーつまりランクの高いタクシーに乗ることによって自己を顕示するためで、それは「空威張り」と同じです。

なお、韓国の人々は自己を顕示するために権力や権威を志向し、そのため権力と権威を持つ公務員を志望する人は非常に多くいます。韓国の公務員が権威主義的と言われるのはそのためで、また権力と権威は「大きなもの」「強いもの」であるため韓国では公務員の汚職が常態化しています。たとえば、韓国では5月15日が「先生の日」とされ、先生に花などをプレゼントするという習慣があり、それは韓国での先生観が「先生は他と違い優れている」という優等主義的発想と、「先生は権力と権威を持っている」という事大主義的発想によるもので、先生の日が賄賂の温床になっているると批判されています。

優等列車と国民性

1963年9月に交通部の外庁として発足した韓国鉄道庁は、2005年1月の上下分離によって鉄道営業部門を担う韓国鉄道公社と、鉄道営業部門以外の鉄道施設建設・管理・研究開発を担う韓国鉄道施設公団に分離されました。韓国鉄道公社が運営する鉄道路線には、高速鉄道（KTX）、首都圏での広域電鉄、首都圏を除く地域での一般旅客路線、KORAIL空港鉄道があります。そして、韓国鉄道公社は一般旅客路線ではセマウル号やムグンファ号、通勤列車を運行し、韓国には日本でいう特急や急行などの列車種別用語はなく、全国どの路線でもセマウル号やムグンファ号の名称が使われ、それが誤乗の原因になっています。

セマウル号は一般旅客路線（在来線）の最速・最高級列車で、日本でいう特急列車に相当し、高速鉄道路線のない地方都市とソウルを結ぶ路線で運行されています。セマウル号の「セマウル」は「新しい村」という意味で、朴正熙政権下のセマウル運動に因んで命名されました。セマウル運動とは勤勉・自助・協同を基本精神とし、これまで経済開発から取り残されていた農村の近代化（農民の生活の革新、環境の改善、所得の増大）を主として政府主導で実現しようというもので、1971年から全国規模で行われました。このような政治の目標などを列車名として使うという政治の宣伝工作は、中国と台湾、ベトナムでも行われています。なお、セマウル運動が勤勉・自助・協同を基本精神としていたのは韓国の人々が事大主義の負の遺産を引き継いでいたからです。

他方、ムグンファ号は在来線の急行列車や普通列車に相当するもので、セマウル号を補完し、ソウルと地方都市、地方都市間を結ぶ路線など、一般旅客路線のほとんどで運行されています。ムグンファ号の「ムグンファ」は、韓国の国花「ムクゲ」の意味で、ムクゲの「散って咲き、また散っては咲く生命力の強さを韓国の人々の歴史と性格に例えることが多い」（韓国観光公社）と言われています。また、風が吹いても嵐が来ても花弁を落とさず、しぶとく咲き続け、それが韓国の人々の国民性（執拗さ）に似ていることから、日本の国花の桜の潔い散り様と比較して、ムクゲは日本人と韓国人の性格の違いを表すものとして用いられています。

また、通勤列車はソウルと北朝鮮の新義州《シニジュ》特別行政区を結ぶ京義《キョンイ》線の汶山《ムンサン》〜都羅山《トラサン》間と、ソウルと北朝鮮の元山《ウォンサン》を結ぶ京元《キョンウォン》線の東豆川《トンドゥチョン》〜白馬高地《ベンマゴジ》間で運行されている各駅停車の列車で、2004年のトンイル号の廃止によって設定された列車です。なお、トンイル号の「トンイル」は「統一」の意味で、列車名としての歴史は古く、朝鮮戦争後の1955年から優等列車の名称として使われていました。統一（朝鮮統一）とは、朝鮮半島が韓国と朝鮮民主主義人民共和国（北朝鮮）に分裂している状況を改め、最終的には単一政府の施政によって朝鮮半島を再統合することを意味します。現在の朝鮮半島は南北に分断された状態ですが、両国とも「一国としての朝鮮」の成立を最終目標としています。韓国は、朝鮮半島の南半部を支配していますが、憲法上は朝鮮半島全土を領土としています。

地下鉄と反日文化

韓国では現在、ソウル特別市、仁川広域市、釜山広域市、大邱《テグ》広域市、光州《クァンジュ》広域市、大田《テジョン》広域市、京畿《キョンギ》道、慶尚南《キョンサムナム》道、慶尚北《キョンサンブク》道で地下鉄が運行され、世界有数の地下鉄保有国となっています。地下鉄が発達しているのは国防上の理由からで、地下鉄は有事の際の防空壕に転用できるように建設され、またソウルをはじめ主要都市で地下街が発達しているのも同じ理由と言われています。韓国が想定している有事とは北朝鮮による侵攻で、1950年6月25日に始まった朝鮮戦争は1953年7月27日に休戦しましたが、戦争が終結したわけではなく、現在でも北朝鮮による韓国の領空・領海侵犯を原因とする武力衝突がたびたび発生しています。

ソウルでは韓国鉄道公社（広域電鉄）、ソウルメトロ、ソウル特別市都市鉄道公社、ソウル市メトロ9号線株式会社の4社によって地下鉄が運営されています。ソウルメトロは、1981年にソウル特別市によって設立されたソウル特別市地下鉄公社が2005年10月に名称変更した公社で、地下鉄1号線から4号線を保有・運営し、2号線以外では韓国鉄道公社の広域電鉄線との相互直通運転が行われています。1号線（ソウル駅～清涼里《チョンニャンニ》駅間7・8㎞）は、日本の政府開発援助（ODA）と技術協力によって1974年8月に韓国初の地下鉄として開業し、広域電鉄線との相互乗り入れを開始しました。韓国では自動車と同じように地下鉄は右側通行ですが、1号線は左側通行の京釜《キョンブ》線と京仁《キョンイン》線に乗り入れるため左側通行です。なお、ODAとは日本国政府または政府の実施機関によって発展途上国または国際機関に供与されるもので、発展途上国の経済・社会の発展や福祉の向上に役立つために行う資金・技術提供による協力のことを言います。ODAには、無償資金協力と技術協力、国連諸機関や国際金融機関などへの出資・拠出、それに条件（金利、返済期間、据置期間）の緩い政府借款（有償資金協力）があります。

1号線は、日本からのODAと技術協力によって完成しましたが、開通式には日本人は招かれず、またスピーチでも日本の援助について一言も言及されなかったのは韓国の反日文化によるものです。韓国の反日は、大東亜戦争（太平洋戦争）後に韓国政府とマスコミが歴史を改竄・捏造して作り上げたもので、その根底にあるものが李王朝時代の華夷《かい》秩序体制下で形成された小中華思想とされています。華夷秩序とは、天下の中心が中華であり、同心円状に広がっている世界では外に離れていくほど未開で野蛮とする支那（中国）の伝統的な国際観念を言います。支那の歴代皇帝は皇帝への朝貢と引き換えに周辺国の王に領土を統治する権利を認める冊封体制を築き、朝鮮半島やベトナムなどが支那の支配下に入りました。他方、小中華思想は自らを中華の一役をなすものと見做す文化的優越主義思想を言います。李王朝は周辺国である日本を夷狄《いてき》（異民族に対する蔑称）と見做していましたが、夷狄視していた日本に併合されたため強い反日感情が生まれたと言われています。

なお、韓国の学校では戦後一貫して徹底した反日教育が行われ、子供たちが描いた絵の中で優秀作品として2008年に地下鉄の駅に展示された絵は「日本人を犬小屋に飼う」「日本人を殴る」「日本人を射殺する」「日本国旗を踏みにじる」「日本国旗を燃やす」「韓国のミサイルで日本列島を延焼させる」「日本列島を檻に閉じ込める」「日本列島を消しゴムで消していく」というものでした。

また、2010年のNHKとKBS（韓国放送公社）による共同世論調査では「日本は嫌い」が

14％、「どちらかといえば嫌い」が57％で、２０１１年の韓国青少年未来リーダー連合などが韓国の４００校以上の中高校生を対象に実施した「青少年の国家観と安全保障観」調査では、韓国の敵対国として日本を選んだ者が45％を占め、北朝鮮の22％を凌いで第１位の敵対国になっていました。

空港鉄道と賄賂文化

韓国の鉄道には、韓国鉄道公社が運営する路線、各都市の公社・公団が運営する公営地下鉄、それに私鉄があり、韓国初の私鉄が空港鉄道株式会社（現ＫＯＲＡＩＬ空港鉄道株式会社）で、このほかソウル市メトロ９号線株式会社と新盆唐《シンブンダン》線株式会社があります。

空港鉄道は、ソウル駅と仁川国際空港駅を結ぶ路線として建設が進められ、２００７年３月に仁川国際空港駅～金浦《キンポ》空港駅間（40・３㎞）が開業し、金浦空港駅～ソウル駅間（20・７㎞）は２０１０年12月に開業しました。空港鉄道の建設は、１９９７年に民間投資誘致事業（ＢＴＯ）に指定され、２００１年３月に主幹事である現代《ヒョンデ》建設をはじめ、ポスコ建設、東部《トンブ》建設など韓国有数の企業と政府の建設交通部が参与して設立された仁川国際空港鉄道株式会社によって進められ、２００６年６月に社名が空港鉄道株式会社に変更されました。そして、空港鉄道は過大な需要見込みによる経営不振のため２００９年11月に韓国鉄道公社に買収され、ＫＯＲＡＩＬ空港鉄道に商号が変更されました。

空港鉄道の需要予測は、政府と民間事業者によってそれぞれ別々に行われ、予測値の摺り合わせの結果、1日平均利用客を24万8000人としていましたが、実際は1日平均1万7159人（2009年1~3月）で、予測値のわずか6・9%でした。このような過大な予測値に基づいて空港鉄道が建設されたのは、建設時の政府との契約で予想運賃収入の90%に満たない部分を政府が30年間補填するとされていたからです。そのため、先行開業初年度には3億6620万ウォンの赤字補填が行われ、その額は年々膨れ上がり、韓国交通研究院は「利用客数が今のまま推移すると補助金は2040年までに累計13兆8000億ウォンに達する」と試算していました。

政府がこのような契約を結んだのは、空港鉄道の建設にBTO方式が採用されていたからで、BTOは施設の一定期間の管理・運営で投資資金を回収した後に施設を当局に譲渡するというものです。空港鉄道を私鉄とせずBTOによって最終的には政府の管理・運営下に置こうとしたのは韓国が中央集権国家だからで、韓国の中央集権体制は警察が国家警察で、学校の教師が国家公務員であることなどから知られています。また、韓国で広域自治体などの議会議員選挙の実施は1991年、地方政府の首長の住民による直接選挙の実施は1995年で、これによって地方自治制度は完成したとされていますが、現在の韓国はまだまだ中央集権国家と言われています。たとえば、韓国では憲法により三権分立が確立され、司法権は独立していますが、憲法裁判所の判事9人と、最高裁判所の14人の判事全員の任命権限は大統領にあり、司法権が独立しているとは言えないと指摘されています。

なお、中央集権国家とは狭義には行政や政治において権限と財源が中央政府（国家政府）に一元化されている形態の国家を言います。そこではピラミッド型の階層が形成されることが多く、上層が大きな財源と決定権を持ち、下層になるほど財源と決定権が小さく、上下方向の統制がより強化される傾向を持つとされ、これが賄賂を生み出す一つの要因と言われています。

他方、空港鉄道の建設に参与した建設交通部の当時の長官が仁川国際空港鉄道社長に天下りするなど、このような問題は韓国の優等文化や事大主義に根づく賄賂文化を露呈しています。韓国では、盧泰愚《ノテウ》元大統領が在任中の不正蓄財や粛軍クーデターなどの追及を受けて懲役刑になり、盧武鉉《ノムヒョン》元大統領が在任中の収賄疑惑によって退任後に捜査を受け、李明博《イミョンバク》前大統領の親戚や側近が買収事件で起訴されました。これらは、地縁や学閥による偏重人事によるもので、ここに賄賂によって権力や権威に取り入ろうとする人々の事大主義的な国民性が表れています。

高速鉄道KTXと恨みの文化

２００４年４月１日に高速鉄道（ＫＴＸ）のソウル駅と釜山駅を結ぶ京釜《キョンブ》高速線が開業し、現在建設中のソウル駅と光州《クァンジュ》・木浦《モクポ》駅を結ぶ湖南《ホナム》高速線は２０１５年に開業予定とされています。「日本の新幹線より速い」と自慢するその営業最高時速は３００㎞で、計画段階では京釜高速線は

「京釜高速鉄道」と呼ばれていましたが、自尊心と自己顕示欲の強い韓国では「我が国が誇る世界最高の高速列車」という意識が働き、冠に国名を入れた「韓国の高速列車」という意味のＫＴＸの呼称が定着したと言われています。

１９９２年の着工以来12年の歳月と、国家予算の20％に相当する総額22兆ウォン（約２兆円）とも言われる莫大な事業費を掛けたＫＴＸが開業し、韓国鉄道公社は「高速鉄道が歴史的に開通し、ついに韓国もフランス・日本・ドイツ・スペインに加わり、時速３００㎞という超高速鉄道時代に突入した」と自慢していましたが、この「ついに」という言葉に韓国で伝統的に見られる「恨みの文化」（恨《はん》の思想）が表れています。

恨の思想とは、朝鮮文化における思考様式の一つで、「伝統的な規範から見て責任を他者に押し付けられない状況の下で、階層型秩序の下位に置かれた不満の累積とその解消願望」と説明されています。朝鮮民族にとっての「恨」は単なる恨み辛みでなく、憧れや悲哀、妄念など、さまざまな複雑な感情を表し、その形成には強い自尊心とは裏腹の長い抑圧と屈辱の歴史があると言われています。たとえば、韓国の独立が日本の降伏によって事務的に達成されたことは後の世代の恨となり、独立戦争で得られなかった勝利を得るためにスポーツの日韓戦などで韓国の人々が異常なまでに熱狂することはよく知られています。そして、日韓戦などで韓国が敗北すれば、韓国メディアは「東アジアの盟主・韓国のプライドが無惨に踏みにじられた」と報じ、これは韓国の人々が「傷つきやすいプライド（自尊心）を持っている」ことを表しています。

他方、韓国鉄道公社ではかつては列車別改札が行われ、それは常時改札を行うのではなく列車の発着ごとに改札を行うという方式で、列車の発車15分前にならないとホームに乗客を入れないというものです。これは、主に不正乗車の防止や乗客の誤乗を防ぐために行われていました。しかし、現在では廃止され、それはKTX運行区間の駅に60億ウォンを投じて導入された自動改札機が稼動当初から切符詰まりなどの誤作動を起こし、自動改札機の使用が中止されたからです。そのため、現在では改札のない信用乗車制が採用され、いつでも自由にホームに行くことができるようになりました。信用乗車制の導入は先進的なものですが、それは導入された自動改札機のトラブルによる産物です。

なお、京釜高速線の東大邱《トンデグ》駅～釜山駅間の建設工事が遅れ、それは高速新線の建設が自然保護団体の反対運動によって中止され、路線が在来線と並行する高架式に変更されたからです。この路線変更は、当時の盧武鉉《ノムヒョン》大統領が衆愚政治的なポピュリズムによって「参与政府」（国民が政治に参与する政府）を指向していたことによるもので、韓国のポピュリズムは一般大衆の利益や権利、願望を代弁して、大衆の支持のもとに既存のエリートである体制側や知識人などと対決しようとする政治思想または政治姿勢のことを言います。それは、韓国には憲法の上に「国民情緒法」があり、世論が過剰に意識されるからと言われています。

ＫＴＸの安全性と手抜き文化

ＫＴＸの車両はフランスのＴＧＶ－Ａの韓国仕様で、台車は関節型台車と呼ばれる車両間に台車を１両設置するタイプ（動力車と動力車寄り動力客車はボギー台車）です。韓国では馴染みのない関節型台車について、韓国鉄道公社は「軽くて騒音が少なく、乗り心地がよく、列車が脱線する場合も車輪全体が一つの鉄の塊のようになった一体型構造になっているため破損の危険が少ない」と強調し、また車両の先頭部には蜂の巣模様の衝撃吸収装置が設置され、時速３００㎞で走行中に７００㎏の物体と正面衝突した場合の衝撃を吸収し、「脱線防止効果と走行安全性を追求した」としていました。

ＫＴＸの安全性がアピールされているのは、韓国社会が安全な社会ではないからです。たとえば、２０１２年６月７日に李明博《イミョンバク》前大統領は安全に対する認識について「韓国の経済的数値以外の指標は恥ずかしいレベルにあり、先進国レベルに上げる必要がある」と述べていました。韓国では１年に約３万人が事故に遭い、そのうち半数が交通事故、火災、産業災害という三大事故とされています。事故が多いのは、朝鮮の貴族社会が生み出した両班《ヤンバン》文化（貴族文化）には、あくせく動いたり働いたりすることを「はしたない」と見る風潮や、肉体労働をする者を身分の低い卑しい者と見做す風潮（職業差別）が現在でも残っているからで、そのため学者やタレント、大学教授などが「高貴な者の職業」とされています。また儒教や朱子学の影響によって貴族社会では「労働をしな

い」ことが地位の高い人間の証であったため、現代でも韓国の人々の仕事には日本人には冗談とし
か思えない「桁外れの手抜き」が見られます。

他方、2011年7月の中国での高速鉄道追突転落事故を受けて、韓国のメディアは社説で「人ごとではない」(東亜日報)、「大事故の前兆が続いている。韓国のKTXが心配だ」(朝鮮日報)などと一斉に警鐘を鳴らしました。KTXは、フランスのTGVを導入して2004年に開通し、2010年からは国産車両(KTX山川《サンチョン》)も運行していますが、故障事故が増加傾向にあり、また高速鉄道としては世界初の正面衝突事故を起こし、そのため韓国のメディアはKTXを「事故鉄」や「事故百貨店」と皮肉っています。自尊心の強い韓国らしく、韓国鉄道公社は事故の定義を捏造して「安全性は世界最高水準」とアピールしていました。

韓国鉄道公社は、故障事故の原因の多くを占めると見られている各種部品の交換を進めていますが、フランス製の旧型車では整備不良、国産の新型車では品質の不安定が指摘され、整備不良は手抜き文化、品質の不安定は技術水準の低さによるものです。KTXの開業から10年、車両国産化からわずか4年なのに、早くもアメリカやブラジルへの高速鉄道の輸出が計画されていますが、故障続発のため輸出どころではないと言われ、韓国のメディアはKTXも中国の高速鉄道と同じように「国産化や海外輸出を焦るあまり、多くの面で安全無視や人命軽視が見られる」と警告しています。

財閥支配と権威主義文化

韓国では事故だけでなく殺人、強姦、強盗などの凶悪犯罪の発生率が高く、とくに未成年者による性犯罪が多く、低年齢化も進んでいるとされています。人口10万人当たりの強姦事件は日本の10倍、アメリカの2倍で、アメリカ国務省やイギリス外務省は「性犯罪に巻き込まれないよう夜間の一人での外出は慎重に」と警告していると言われています。

なお、韓国の法律専門の市民団体と法律消費者連盟が2011年4月25日の法律の日に因んで全国の成人男女約2900人を対象に行ったアンケート調査によれば、回答者の40％が「法律を守ると損をする」、77％が「韓国社会では法律が守られていない」と回答し、最も法律を守らないのは「政治家」との回答が51％と最も多く、「金があれば罪にもならず、金がないと罪を着せられる」という言葉に81％が同意するとしていました。

このような韓国の人々の意識が犯罪の温床になり、それは「恨の思想」を形成した支那の冊封体制による抑圧と屈辱によって生み出された凶暴性が彼らには潜んでいるからです。この凶暴性は抑圧が解消された時や、事大主義に見られるように他人の力に便乗して自己を顕示しようとする時に顕在化し、大東亜戦争（太平洋戦争）後の日本での「朝鮮進駐軍」やベトナム戦争での韓国軍の残忍な行為に表れています。なお、朝鮮進駐軍とは連合国軍最高司令官総司令部（ＧＨＱ）の声明によって自分たちを戦勝国民と勝手に思い込んで強姦や殺人などの残忍な犯罪行為を繰り広げた在日の武装朝鮮人集団を言います。

他方、朝鮮進駐軍に見られるような「思い上がり」つまり自惚れは、韓国の人々の自尊心によるもので、それは権威主義的な態度に表れています。たとえば、２００７年上半期に出発が5分以上遅れたＫＴＸは全運行本数の７・９％を占め、ＫＴＸ輸送安全管理室関係者は「定刻から5分未満の遅れは統計に含まれない。５分未満の遅れは正常な運行と見做す。それが世界の基準だ。長距離の鉄道の場合、20分以内の遅れであれば定時運行と見做すところもある」と述べていました（「朝鮮日報」２００７年8月28日付ＷＥＢ版）。このような権威主義的な体質が韓国鉄道公社に見られるのは、韓国鉄道公社が公企業だからで、これは公務員と同じように公権力をバックに権力と権威を誇示する事大主義的な自己顕示の一つの表れです。

そして、韓国の人々が権威主義的で強い自尊心を持っているため、韓国鉄道公社の権威主義的な態度に人一倍反発し、ＫＴＸの運賃が割高なこともあり、乗客満足度は航空機や高速バス、セマウル号やムグンファ号よりも低く、ＫＴＸ利用者数は伸び悩んでいました。それは経営に影響を及ぼし、「ＫＴＸの負債は雪だるま式に膨らみ、２０１０年には22兆ウォン、２０２０年には30兆ウォンになる」（「朝鮮日報」２００６年1月26日付ＷＥＢ版）と言われていました。

他方、韓国政府は２０１５年を目途にＫＴＸを民営化することを決めました。それは高費用・低効率の鉄道運営に競争を導入し、運賃を引き下げ、効率的な運営で負債を早期に償還するためとしていますが、ＫＴＸの民営化は財閥優遇政策であるとして民営化反対の声が上がっています。なお、財閥とは同族の閉鎖的な所有・支配の下に持株会社を中核として多角的経営を行う独占的な巨大企業集団を言い、韓国にはサムスン、現代《ヒュンダイ》自動車、ＳＫ、ＬＧなど10財閥があり、この10財閥の売上高が国内総生産（ＧＤＰ）の約４分の３を占め、韓国は典型的な財閥社会になっています。財閥が支配する韓国では経済的な格差が生み出され、不平等が拡大していますが、２０１３年には財閥の経営破綻も起きています。

3 タイ

タイの経済と交通

タイ王国（以下、タイと略す）は、第二次世界大戦後には高い教育水準と豊かな国土に支えられて工業化を進め、東南アジア諸国連合（ＡＳＥＡＮ）には１９６７年の結成時から参加し、アジア太平洋経済協力（ＡＰＥＣ）にも１９８９年の結成時から参加するなど、東南アジアにおいて中心的な役割を担ってきています。１９９０年代には日本や欧米諸国の大企業によるタイへの進出によって本格的な工業化が進展し、高度経済成長を続け、現在のタイは東南アジアにおける代表的な工業国としての地位を保っています。

また、タイ政府は１９６０年代頃より「貧困の撲滅」のために教育に力を入れ、１９７０年代には急激に改善が進み、識字率は１９９５年の時点で95％を超え、アジアの中でもとくに識字率が高い日本やシンガポールなどと並び世界的に高い水準を誇っています。このような教育水準の高さは、国内産業の活発化によって中流層を増大させ、同時に外資系企業による製造業やサービス業、金融業などに対する投資を促進する大きな要因となりました。しかし、タイでは２００６年、２００８年、２０１０年、２０１３年に大規模な反政府デモが起こり、２０１４年には憲法裁判所による首相の解職、軍事クーデターに至り、政情の不安定が経済活動や市民生活に悪影響を及ぼしています。この政情不安定の背景には、貧富の差と汚職の問題があると言われています。

発展を遂げてきたタイの首都バンコク市内の道路渋滞は激しく、それは市内には高架鉄道や地下鉄があるものの路線数が少なく、また郊外通勤電車の路線や列車運行本数も少ないため、比較的豊かな人々（中流層）は通勤手段として自家用車やタクシーを使用し、これがバンコクを世界有数の渋滞都市にしています。

一方、タイは立憲君主制の王国で、国民が国王を尊敬し、とくに現国王のラーマ九世はその人柄と高い見識から国民の間で人気が非常に高いことはよく知られています。そして、国民の95％が仏教徒（上座部仏教徒）という代表的な仏教国で、仏教の人々への影響つまり仏教文化により「タイの人々は平和を愛し、異なる民族や文化に対して無類の寛容さと歓迎する心を持ち合わせた国民となった」（在京タイ王国大使館）と言われています。しかし、発展途上国に多く見られる汚職に関しては、国際非政府組織のトランスペアレンシー・インターナショナルが２０１１年に発表した「世界の汚職ランキング」によれば、全１８３か国のうちタイは80位でした。

他方、タイは世界遺産などの遺跡やプーケット島などの豊かな自然に恵まれ、タイの人々の穏やかな国民性や人種差別が少ないことなどから、近隣諸国をはじめヨーロッパやアメリカ、オーストラリアから多くの観光客が訪れ、観光は外貨を獲得するための一つの重要な手段になっています。また、タイの象徴（国の動物）にゾウが選ばれ、タイではゾウは「神聖な動物」「豊穣の象徴」「勇気と誇りの象徴」と考えられ、「縁起の良い動物」と信じられています。

モーターサイと捨の心

モータ－サイとは、タイ語でバイクを意味し、バイクタクシーを表す言葉として使われています。つまり、タイにはバイクを使ったタクシーがあり、それはバイクの後部座席に客を乗せて走るというもので、タイの人々にとっての非常に手軽な移動手段になっています。

モーターサイが活躍する理由の一つに、都市の道路構造があげられます。都市部での道路網は、一般に幹線道路つまり幹としての大通り（タノン）と、そこから枝分かれする奥の深い細長い小路（ソイ）からなり、それは魚の骨のような形になっています。たとえば、バンコクを東西に走るスクンビット通りから北に延びるソイにはソイ3、ソイ5のように奇数の番号がつけられ、南に延びるソイには偶数の番号がつけられています。そして、モーターサイは大通りから枝分かれするソイの入口に待機し、ソイの中に入っていく人の輸送や、都市郊外のバス停から近隣の町や村へ行く人の輸送を担っています。

モーターサイのライダーは番号のついたオレンジやピンク、ブルーのベスト（ユニホーム）を着用しています。ベストの色はライダーが所属するグループを表し、それぞれのグループごとに営業エリアが決められ、他のエリア内では客を乗せないと言われています。営業エリアが決められていることには、あらゆる欲を捨てて心を中庸に保つことを大切とするタイの仏教文化によって他人と競争することを嫌うタイの人々の国民性が表れています。なお、タイの人々の4つの徳目（道徳の基本とされるもの）の一つに捨の心（ウベッカー）があり、上座部仏教の三福業とされる①布施をすること、②道徳や戒律を守ること、③瞑想によって心を向上させることのうち、布施をすることとは執着を取り除き、物惜しみの心や思い上がりの心を捨てることとされています。

他方、バンコクのタクシーには、乗る前に運賃を交渉する運賃交渉制タクシーと距離メータ制タクシーがあり、距離メータ制タクシーの屋根の表示灯には「TAXI-METER」、運賃交渉制タクシーの屋根の表示灯には「TAXI」と表示されています。タクシーには個人タクシーと会社（法人）タクシーがあり、個人タクシーの車体色は黄色と緑色のツートンカラーで、会社タクシーは青色やオレンジ色、黄色など一色です。

なお、距離メータ制タクシーでは乗車する際に、行き先を告げて乗車の可否を尋ねるのが一般的で、それはタクシーがいわゆる「乗車拒否」をし、それが習慣化しているからです。タクシーの乗車拒否に罰金制度が導入されましたが、改善の兆しは乏しく、それは乗車拒否がタクシー制度の問題や運転手の仏教に根づく個人中心主義、農村からの出稼ぎ運転手の地理不案内、争いを象徴するかのような渋滞を嫌う国民性に関係しているからと言われています。

ソンテオと運賃交渉制

ソンテオとは、一般にピックアップトラック（ボンネット型の平ボディトラック）の荷台を改造し、屋根とベンチ風の座席を備えた開放型の「トラック改造バス」あるいは「トラックバス」を言います。ソンテオは、ほとんどの都市とその周辺の農村地帯、バスが運行されていない郊外の住宅地で運行され、バスに代わる（あるいはバスを補完する）安価な乗り物で、人々の最も日常的な交通手段となっています。

ソンテオと呼ばれているのは、ソンが数字の2、テオが列の意味で、荷台部分に互いに向き合う2列の座席があるからです。ソンテオの大きさ（車両サイズ）はさまざまで、マイクロバス程度の大きさの中型ソンテオもあれば、小型ソンテオもあります。また、一部には座席が中央部分にもある3列座席車もあり、サムテオと呼ばれています。なお、ソンテオのすべてがピックアップ型（ボンネット型）というわけではなく、中型ソンテオの中には非ボンネット型もあります。

ソンテオには基本的に2つの運行形態があり、それは路線バスのように決められたルートを走行する中型ソンテオによる路線形態と、タクシーのように客の指示する目的地に向かう小型ソンテオによる貸切形態です。前者の路線形態の中型ソンテオは、主に地方都市とその周辺の農村部を結ぶ路線で運行され、停留所はありますが、どこでも自由に乗降できる自由乗降制が採用されています。

後者の貸切形態の小型のソンテオは、チェンマイなどの地方都市ではタクシーに代わるものとして運行されていますが、完全な貸切状態で運行されることもあれば、移動方向が同じならば途中で客を相乗りさせることもあり、そのため「乗合タクシー」あるいは「相乗りタクシー」とも呼ばれています。

また、ソンテオには乗車定員がないため、朝夕のラッシュ時には車両後部の乗降ステップに立って乗っている人もいます。運賃はだいたい決まっていますが、路線形態の中型ソンテオでも貸切形態の小型ソンテオでも基本は交渉制です。なお、地方のソンテオの中には屋根の上に荷物を載せているものもあれば、荷物を客室に積載して人と一緒に輸送しているものもあります。

運賃は決められている方が合理的であることは言うまでもありませんが、運賃交渉制にこそ仏教に根ざしたタイの乗り物文化があります。というのは、タイでは僧侶やお年寄りを大切にすることから、運賃交渉制ならば運転手は自分の判断で僧侶やお年寄りを安い運賃で乗車させることができ、そのことが運転手にとっては徳を積むことになるからです。つまり、タイの人々の4つの徳目の一つに親切（メーター）があり、「他人に親切にする」「他人を労る」というタイの人々の国民性が運賃交渉制に見られます。

その一方で、ソンテオやバスの運転手を含め、タイでは無免許運転が多く、かりに検問などで警察に見つかったとしても「袖の下」を渡せば見逃してくれると言われています。タイの人々にとっての三福業には道徳や戒律を守ることがありますが、２０１１年にアサンプション大学世論調査センターが行った調査によれば国民の64・5％が個人中心主義らしく「政府による汚職が自分の利益となるならば受容する」と考えているとされていました。

バスと慈の心

バスは、バンコクなど一部の都市でのみ運行され、地方の多くの町や村ではソンテオがバスの機能を果たしています。バスが最も発達しているバンコクでは、バスは早朝5時〜夜11時まで運行され、24時間運行している終夜運行バス路線もあります。路線数は約250路線あり、運行頻度は10〜20分に1本、深夜は1時間に1本程度ですが、時刻表はありません。時刻表がないのは発展途上国では一般的で、それは時間厳守の意識が低いからで、一般に西洋では時間に厳密、東洋ではルーズと言われ、日本では都市では時間に厳密、地方ではルーズと言われています。

バンコクのバス運賃は、同じ路線でもバスの色によって異なり、ここにバンコクのバスの特徴があります。バスの種類は、まずエアコンの有無によって分けられ、エアコンの付いた新型のエアコンバスはオレンジ色か青色に塗装され、旧型のエアコンバスは青地にクリーム色の帯があります。エアコンのない「普通バス」にはクリーム色と赤に塗装された赤バスと、白地に青色の帯がある白バスがあります。赤バスでは自由乗降制が採用されているため、交差点でも停車中にブザーを鳴らすとドアを開けてくれると言われています。また、ラッシュ時のみ運行される急行バスもあり、これは特定のバス停にのみ停車し、高速道路を走行（通行）するバスもあります。

なお、タイには色に関連した珍しい文化があります。それは曜日で色が決められていて、日曜日から言えば、赤、黄、桃、緑、橙、青、紫です。タイの人々は自分が何曜日生まれなのかを知っていて、日本でいう星座占いや血液型占いのように曜日ごとに性格や運勢を占ったりしています。国民にカレンダーが普及していなかった頃には、宮廷に出仕する女性の服装の色を見て人々はその日が何曜日かを判断していたと言われています。

バンコクにはいろいろな色のバスがありますが、「旧型エアコンバスの車体はかなり年季が入っている」「白バスは塗装が新しいだけで車体は古い」と言われています。しかし、同じバスでも観光バスにはエアコンが装備された大型2階建てバスやハイデッカー車など比較的新しい車両が使われています。トラックを改造したソンテオがバスとして運行されていることと比較すれば、ここには大きな差がありますが、タイの人々はそのようなことを気にしていません。それは仏教の「妬まない」という教えによるもので、タイの人々の無類の寛容さもこれに由来すると言われています。

なお、仏教でいう愛の概念とは慈・悲・喜・捨とされ、タイの人々の4つの徳目の一つになっている慈の心（ガルナー）とは、すべての生命あるものに対して親愛の心を持ち、相手の気持ちや立場になって考えることとされています。一方、悲の心とは憐れむ心を言い、それは痛みに苦しんでいる人がいたら、その痛みを取り去ってあげたいと思う気持ちで、仏教では情け深いこととされています。また仏教の慈悲という概念は「慈しみ」と「憐れみ」を区別せずに両方を含んだ意味として使われていると言われています。

このタイの人々の寛容さが汚職を蔓延させ、汚職を文化として定着させた一つの要因になっています。タイでは役人の汚職は日常茶飯事で、そのため2011年9月にインラック首相（当時）も参加した汚職一掃を訴えるイベントとしてバンコク中心部で1万人行進が行われました。

また、タイの仏教では「足るを知ること」が大切とされ、そのためタイの人々には背伸びをして出世競争をし、世の中で偉くなろうという指向性のある人が少ないと言われています。このような考え方が所得格差を生み出す一つの要因になっています。タイの所得格差は大きく、それは1990年代の日本や欧米諸国の大企業の進出による本格的な工業化と高度経済成長によって形成され始め、またタイには不動産税や贈与税、相続税という資産課税がないため、それが所得格差つまり貧富の差を拡大している一つの要因とされています。

運河交通と仏教文化

タイの首都バンコクは、チャオプラヤー川下流の豊かなデルタ地帯に位置し、かつては「東洋のベニス」と呼ばれるほど運河と運河交通が発達し、当時は船が主な交通手段になっていました。バンコクに馬車の通れる道路が初めてできたのは1862年と言われ、このことはバンコクでは道路交通よりも運河交通が発達していたことを物語っています。

バンコクではチャオプラヤー川が南北に縦断しています。チャオプラヤー川は人々の生活や文化の発展に大きく貢献し、人々はこの川のおかげで豊かな暮らしを送り、国家の近代化の門戸もこの川を起点として開かれたと言われています。チャオプラヤー川では高速水上バス（チャオプラヤー・エクスプレスボート）が運航されています。普通と急行の2種類があり、急行船の中には道路渋滞の激しい朝夕のラッシュ時にのみ通勤・通学船として運航されているものがあります。道路が渋滞するのは、高架鉄道や地下鉄もありますが、歩くことの嫌いなバンコクの人々は自家用車やタクシーを使用し、また学校への子供の送迎に親が自家用車を使い、それは子供が高校生や大学生になっても当然とされ、これが渋滞に拍車を掛けていると言われています。

高速水上バスの乗降口近くには僧侶専用席や立ちスペースがあり、そこには王室をはじめ国民の95％が仏教徒であるタイの仏教文化が見られます。タイの学校教育では仏教を教え、仏教は道徳規範の源泉とされています。なお、タイの仏教徒のほとんどが上座部仏教徒で、その仏教観念にタンブンがあります。タンブンとはブン（徳）を積む行為とされ、広義には人や動物を助けたりする行為、狭義には寺院や僧侶への布施（感謝の気持ちで施し供えること）とされています。

そして、仏教では「善いことをすれば善い結果としての報い（善果・楽）があり、悪いことをすれば悪い結果として報い（悪果・苦）がある」と教え、善い行いをした者だけが楽の多い世界へ生まれ変わることができるとされているため人々は善果を求めてブンを積みます。また上座部仏教徒の男子は一生に一度は出家するものとされ、それは出家して悟りを開いた者だけが救われるとされているからです。タイの仏教的な考えは、ブンを積んだ者や悟りを開いた者というように個人中心主義的です。そのためタイではブンは他人に転送可能と考えられ、たとえば布施をする際に親や恋人の名前を書くことで自分のブンを他人に転送できると信じられています。

他方、チャオプラヤー川には橋も架かっていますが、その数は少なく、橋を渡れば遠回りになったり、自動車を利用すれば渋滞に巻き込まれたりするため、多くの渡し船が運航され、人々の生活に密着した便利な足として定着しています。この渡し船は運賃交渉制で、高速水上バスと同じように僧侶専用席があります。運賃交渉制のタクシーやソンテオと同じように、運賃交渉制の下では船長は僧侶を安い運賃で乗船させることによってブンを積むことができ、それは布施するものの一つに運賃を含む移動への援助があるからです。

乗合船と労働観

バンコク市域を縦横無尽に流れる運河では、かつて多くの運河船が運航されていましたが、都市化と自動車交通の発達によって運河は次々に埋め立てられ、道路になりました。現在では、バンコク側（チャオプラヤー川東岸）の一部の地域とトンブリー側（チャオプラヤー川西岸）に運河が残っている程度で、バンコク側の数多くの行き止まりのソイ（小路）がかつて縦横無尽に流れていた運河の名残と言われています。

トンブリー側では運河船は廃止されることなく運航が続けられていますが、バンコク側では廃止されてしまいました。しかし、道路の交通渋滞を緩和するために運河船が復活されました。復活されたセーンセーブ運河線はペッブリ通りとほぼ平行に走り、ペッブリ通りやスクンビット通りが渋滞している時には運河船を利用すればバスやタクシーよりも早く目的地に着けると言われています。一方、トンブリー側で運航されている運河船は高速水上バスと同じように多くの通勤者などによって利用されていますが、雨期に増水して運河の水位が上昇すると運休することがしばしばあります。

なお、運河を流れる水は生活排水や工場排水などで汚染され、悪臭がすることがあり、また運河船が高速で行き違う時には窓がないため水飛沫がかかり、衣服が汚れることがあります。そのため、運河船には水飛沫を遮るビニールシートがあります。政府は運河の水質の改善に努めていますが、改善には時間がかかりそうです。

他方、乗合船とはトンブリー側の細い運河の奥深くまで入って行く船を言い、一般にロングテイル・ボートと呼ばれています。乗合船には舵がなく、それはエンジンに直結したスクリュー軸が「長い尻尾」のように船尾から水中に伸び、これを左右に動かして舵を切るからです。乗合船は、爆音とともにかなりの高速で運航されていますが、乗客で座席が埋まるまで出航しないという運航形態が採られています。

このような運航形態は利用者には不便に思えますが、乗合船は人々にとっての大切な足で、主要な交通手段がバスのみのトンブリーでは多くの通勤客や買物客などによって利用されています。乗客で座席が埋まるまで出航しないという乗合船の自己中心主義的な運航形態は、タイの人々が歩くことを嫌い、無類の寛容さを持っているからこそ成り立つもので、これは運航ダイヤに行動を縛られずに自由に生きるというタイの人々にマッチした運航方法と言われています。

ただし、乗合船の自己中心主義的な運航には1932年のタイ民主革命によって廃止されたサクディナー制の名残、つまりタイの一部の人々の労働観が表れていると言われています。サクディナー制とは、封建制に似た差別的な身分制度の下で都市に居住する一部の支配者が農村の自由民（プライ）と奴隷（タート）を支配し、身分によって収入（所得）が決まる制度とされています。そして、タイでは仏教文化の下で自由民や奴隷は支配者に身分の低い者に対する温情つまりタイの人々にとっての徳目の一つの慈の心を求めます。同時に自由民や奴隷が憧れる支配者とは、仕事をしても机上のみで、不労所得で潤うものとされています。つまり、不労所得で潤わなくても「ただ働き」をしないという労働観によって乗客で座席が埋まるまで出航しないと言われています。

また、身分はブン（徳）によるものと考えられ、タンブンによる結果としての人格的報い（善果・楽）が経済成長とともに経済的報いに変化し、経済的報いを求める労働観が乗客で座席が埋まるまで出航しないという運行形態を生み出し、他方で身分＝収入（経済的報い）という考え方が公務員の汚職文化の根源にあると言われています。

水上マーケットと文化の商業化

運河が主要な交通路であった頃には、民家は運河沿いに建てられ、その運河を使って行商舟が各戸を回って物品を販売し、次第に多くの行商舟が1か所に集まって相互に売り買いするとともに、人々がそこへ小舟で買物に行くようになって水上マーケットが誕生しました。この水上マーケットにタイの歴史と伝統的な生活文化があり、それを保護し外国人に紹介する文化外交手段として1967年にダムヌン・サドゥアク水上マーケットが開発され、それは現在ではタイを代表する観光地の一つに数えられています。

ダムヌン・サドゥアク水上マーケットでは、海外からの観光客も行商舟から品物を購入していますが、集まってきた行商舟同士が売り買いを行い、その伝統的な文化を一目見るために観光客が集まってきています。ダムヌン・サドゥアク水上マーケットは、外国人に紹介する文化外交手段として開発されたため、観光地化や水上マーケット文化の商業化は必然的な結果ですが、他方でタイでは仏教文化の商業化も進み、それは観光客の托鉢体験に見られます。

托鉢とは、仏教を含む古代インド宗教の出家者の修行形態の一つで、信者の家々を巡り、生活に必要な最低限の食料などを乞い、信者に徳を積ませる修行とされ、それは上座部仏教では物品の所有が禁止されているからです。托鉢は、一般に朝の6時頃から寺院の周辺で1時間ほど行われ、寺院によっては多いときには100名の僧侶が隊列を組んで早足で托鉢に回ります。僧侶が近くに来たら合掌して「ニモン・クラップ」（おいで下さいの意味）と呼び止め、僧侶が立ち止まり鉢の蓋を開けたら、履物を脱いで用意した小袋に入れられた食べ物などを鉢の中に差し上げ、終われば合掌して屈みます。すると、僧侶は「幸福が訪れますように」との経文を唱え、その間は合掌して屈んでいます。経文を唱え終わると僧侶は立ち去り、これで托鉢のタンブンは終わります。

托鉢とタンブンはタイの人々にとって仏教文化に根ざした日常生活で、観光客も托鉢とタンブンを見ることによって仏教文化を一層理解することができます。しかし、観光客を対象にした托鉢体験が商品化され、托鉢体験スペースが予め準備され、僧侶に差し上げる小袋に入った食べ物など供物を販売する人々が観光客を待ちかまえています。そのため、タイの一部の人々によって托鉢という仏教文化が商業化されてしまっていると言われています。

なお、ツアーでの托鉢体験ではガイドが女性観光客には僧侶に触れないように注意し、写真を撮影する場合の注意事項も説明していますが、個人の観光客の中には見せ物でも見るように托鉢の写真を撮影している人がいます。

僧侶に触れないように女性観光客に注意されているのは、タイの仏教では性交、盗み、殺人、虚言が許されない大罪とされ、そのため僧侶は托鉢で供物を受ける場合に女性の手に触れないようにしています。また、タイでは尼僧の存在は認められず、そのため仏教に根ざした男尊女卑的な風習も残っています。

サムローと三輪車文化

サムローとは、サムが数字の3、ローが車輪を表し、タイでは小型三輪の乗り物がサムローと呼ばれています。タイの名物であり、タイを象徴する乗り物のトゥクトゥクもサムローと呼ばれていますが、サムローは単に「三輪車」の意味で、それにはいろいろな種類があり、時代とともにサムローも変化してきています。

サムローを発展史的にみれば、最初のサムローが自転車型サムロー、次がバイク型サムロー、そして現在の自動車型サムローへと発展・進歩してきています。しかし、新しいタイプのサムローが古いタイプのサムローに取って代わったわけではなく、地方都市ではこれら3つのタイプのサムローが共存しています。なお、タクシーとして使われているサムローは一般に「サムロータクシー」と呼ばれています。

タイでは、1933年に自転車の横に客席を取りつけたサイドカー型のサムローが発明され、それには幌（屋根）はなく、乗客は雨が降れば自分で傘をさしていたと言われています。その後、客席部分が自転車の後方に移り、幌（屋根）も付けられ、現在使われている一般的な形になりました。

しかし、バンコクでは1959年に自転車型サムロータクシーが禁止されたため、今では見かけることはありませんが、地方ではまだまだ健在です。

自転車型サムローに続いて登場したのがバイク型サムローで、それはバイクと人力車風の車体を合体したような形のものです。バイク型サムローにも、自転車型サムローと同じように、客席部分がバイクの横、前、後ろにあるタイプがあります。客席部分がバイクの横にあるタイプは西欧型サイドカー（側車付自動二輪車）と同じですが、客席部分が簡易な人力車風である点が異なっています。この3つのタイプの中で最も一般的な形は、客席部分が後ろにあるタイプです。また、バイク型サムローには客席部分が荷台になっている貨物サムローもあり、飲み物などの移動販売で使われています。

なお、三輪バイクタクシーは中国にもありますが、タイのバイク型サムロータクシーとは形が異なり、タイでは客席部分が開放型ですが、北京の三輪バイクタクシーの多くはフルキャビン型（非開放型）です。なお、開放型とは車両の上半分が外気に開放され、乗客が外気に直接触れることができるものを言います。客席部分が開放型になっているのは、タイの気候にもよりますが、むしろ開放型にこそ楽しく面白く、自由に生きるというタイの人々の国民性が表れていて、この国民性はタイの仏教文化の影響と言われています。

トゥクトゥク文化

バイク型サムローに続いて登場したのが自動車型サムローで、現在一般に「トゥクトゥク」と呼ばれている車両です。この自動車型サムローは、形状的には、日本のダイハツミゼットＤＫ型のような車両です。ダイハツミゼットＤＫ型は日本では１９５７年に発売され、１９７２年の生産中止までに31万７０００台が生産され、うち２万台が輸出されるなど、当時のベストセラーカーの一つにあげられています。

トゥクトゥクは、日本の郵政省（当時）が郵便収集用に使用していたダイハツミゼットを政府開発援助（ＯＤＡ）としてタイに輸出したのが始まりと言われています。タイの人々は、ミゼットを歓迎し感謝の気持ちをもって大切に継承して発展させ、トゥクトゥクは世界的にも知られるようになりました。トゥクトゥクにはこのようなタイの人々の国民性が表れていることから、タイの人々の一つの国民性つまり文化を表すものとしてトゥクトゥク文化という言葉が使われています。

なお、タイでは感謝の心は道徳の中心的な概念の一つとされ、感謝は慈悲などとともに社会的価値とされています。また、タイの人々の４つの徳目の一つに喜の心（ムティター）があります。それは共に喜ぶ心を言い、他人の幸せを喜んだり、他人の痛み苦しみがなくなったりしたことに対して「本当に良かった」と素直に喜べる気持ちとされています。

他方、トゥクトゥクはバイクと同じバー（棒）ハンドルのため、バイク型サムローと思われることがありますが、差動装置や後退ギヤ、動力伝達用のシャフトドライブが装備され、バイクとはまったく異なる機構を持つ三輪の自動車です。トゥクトゥクという呼び名は「トゥクトゥク」という軽快なエンジン音からきていると言われ、この呼び名にもタイの人々の開放的な国民性が表れています。

そして、タイではダイハツミゼットの修理や改造などによる技術蓄積によって現在では新型のオリジナルな自動車型サムローが生産され、アフリカや中近東、南アジアに輸出されています。日本でもトゥクトゥクは販売されています。

また、タイでは1960年代に自動車産業育成基本方針が策定され、それを忠実に守ってきた現在の自動車産業では、単に輸入部品を組み立てるだけでなく、組立メーカーを支える部品産業や裾野産業の集積が進み、技術力も向上しています。そのため、日系自動車メーカーのタイ工場で生産された新型セダンなどが日本国内でも販売され、タイは「アジアのデトロイト」としての地位を築きつつあると言われています。このようなタイの自動車産業の発展は、教育水準が高く、勤勉で労働意欲が高いタイの人々によって支えられています。

トゥクトゥクと貧富の差

自動車型サムローは進化を続け、現在のタイで使われている自動車型サムローにはミゼットＤＫ

型に似たものの他にミゼットＭＰ４型やＭＰ５型に似たもの（以下、新型トゥクトゥク）もあります。初期のトゥクトゥク（ミゼットＤＫ型）と比較して、新型のハンドルはバー（棒）ハンドルから丸ハンドルへと変わり、運転席はキャビン型になっています。しかし、客席部分は初期のトゥクトゥクと同じように開放型で、この開放型の客席構造にタイの乗り物の特徴があります。なお、新型もトゥクトゥクと呼ばれていますが、初期のトゥクトゥクの生産が終わったわけではなく現在も生産されています。

なお、座席配置は初期のトゥクトゥクでは前向きの椅子型で２人乗り（３人が乗っている場合もあります）でしたが、新型では対面式２列ベンチ型の６人乗りです。乗車定員の増加は、タイの経済発展に伴う輸送需要の増大を背景にしたもので、新旧いずれのトゥクトゥクでも客席部分を長胴化したタイプがあります。このような長胴化による乗車定員の増加から、一般的に、前向きの椅子型で２人乗りの初期のトゥクトゥクが貸切仕様型、対面式２列ベンチ型の新型トゥクトゥクと新旧の長胴型が乗合仕様型と呼ばれています。

自動車型サムロータクシー（トゥクトゥクタクシー）は外国人観光客に人気がありますが、道路の交通渋滞を緩和するためにバンコクでは２００２年にトゥクトゥクタクシーの新規営業免許が付与されなくなりました。そのため、かつては約７４００台あったトゥクトゥクタクシーも現在では５００台程度まで減ってしまったと言われています。

バンコクでのトゥクトゥクタクシーの減少は渋滞対策の結果とされていますが、一方で経済発展に伴う中流層の台頭と普通のタクシーの増加によってタイの人々のトゥクトゥクタクシーの利用が減少したことも関係していると言われています。他方、地方ではトゥクトゥクタクシーはまだまだ人々の重要な足として活躍し、このことは都市と地方の間に見られる貧富の差、つまり所得格差を表しています。

4 ベトナム

ベトナムの経済と交通

ベトナム社会主義共和国（以下、ベトナムと略す）は、インドシナ半島東部に位置する社会主義共和制の国家とされ、ベトナム共産党による一党独裁政治が行われています。1976年の南北統一以降、一貫してベトナム共産党中央委員会書記長、国家主席（国家元首）、首相の3人を中心とした集団指導体制（実権は書記長にある）で国家運営が行われ、その運営は極めて官僚的で、恐怖と不正が支配していた旧ソ連や国民党独裁下の中華民国に類似していると言われています。

そして、1986年のベトナム共産党第6回大会で、社会主義路線と産業政策の見直し、市場経済の導入、国際協力への参加というドイモイ政策（ベトナム語で「刷新」の意）が採択され、いわゆる計画経済から市場経済に転換しました。ドイモイ政策は、共産主義からの事実上の離脱を意味していますが、共産党の一党独裁支配体制を堅持しつつ、価格の自由化や対外開放（国際分業型産業構造の形成）など新しい方向への転換を目指すというものです。

しかし、共産党が独裁支配を堅持しているため民主化が遅れ、共産主義に内在する汚職と賄賂の文化が現在のベトナム社会を支配しています。

ベトナム経済は対外開放政策によって発展し、現在は2020年までに工業国入りを目指す「工業化と近代化」が二大戦略とされています。また、ベトナムはBRICs（ブラジル、ロシア、インド、中国）に次ぐ急成長が期待される11の新興経済発展国家（NEXT11）に数えられ、政府はすでに1日1ドル以下で生活する貧困層の割合が中国やインド、フィリピンを下回っていると発表しました。中国で人件費が上昇基調にあることからベトナムは新たな投資先として注目され、また政府の重要な目標であった世界貿易機関（WTO）への加盟が2007年1月に達成されたことによって、ベトナムでは今後一層の経済発展が予想されています。

他方、ベトナムの全都市面積は約4万9000㎢で、国土総面積の約15%を占め、都市人口比率は2010年現在30・4%とされています。都市における道路面積の割合は、世界主要都市の12〜25%に対して、首都ハノイでは6・8%と非常に低く、また私的交通に依存しているハノイでは道路の交通渋滞が大きな社会問題になっています。旧市中心部の道路網密度は4・08㎞／㎢で、道路1㎞あたりの市登録車両台数（密度）は自動車500台、バイク5500台と言われています。この数値には市外からの流入車両が含まれていないため、実際の車両台数はもっと多くなっています。

ハノイとベトナム最大の都市ホーチミン・シティの市民が日常的に使っている交通手段はバイクと自転車です。バスは運行されていますが輸送分担率は6%以下と著しく低く、そのため今後の経済発展に伴う交通量の加速度的な増加や、自転車からバイク、バイクから乗用車への買換転換が進むことによる道路の交通渋滞や交通公害の深刻化が懸念されています。

農村社会と男尊女卑文化

ベトナムの産業別就業人口は2011年現在、第一次産業（農林水産業）が48・0％、第二次産業（鉱工業）が22・4％、第三次産業（サービス業）が29・6％と、就業人口の約半数が第一次産業とりわけ農業に従事し、第一次産業は国内総生産（GDP）の約20％を占めるなど、農林水産業は依然として重要な産業になっています。

ベトナムでは、菅笠を被り天秤棒を担いで農産物などを売り歩く女性を見かけ、ベトナムを象徴する一つの風景になっています。天秤棒とは、荷物をぶら下げて運ぶための棒で、棒の両端に荷物をぶら下げ、肩で担いで運びます。ベトナム社会では儒教的な思想（五倫＝父子の親、君臣の義、夫婦の別、長幼の序、朋友の信）によって女性は階層最下位に置かれ、現在でも男尊女卑の考え方が根づいています。しかし、多くの戦争に徴兵された男性に代わって女性が農村社会を維持し、仕事をこなし、家を切り盛りしてきました。そのため、実質的に女性の地位が高くなり、主婦は「内主」と呼ばれ、「主人の命令も内主の言葉に負ける」と言われています。

なお、男尊女卑とは男性を重くみて女性を軽んじることや、そのような考え方や風習とされています。また、男女平等を否定し、女性を独立した人格とは認めない思想や、女性の人間的な劣性を前提に経済的、政治的、社会的、文化的な差別の存在を容認する思想と言われています。奴隷制社会や封建制社会では男尊女卑が一般的でしたが、人権思想をその基本に持つ現代の資本主義社会でも男尊女卑は根強く存在しているとされています。男尊女卑の傾向が非常に強い国として、イスラム主義国とアジアの国々があげられていますが、そのすべてが西洋的発想での女性差別ではないと言われています。また、ムラ社会とはベトナムの農村などに見られる男尊女卑などの身分階層性や強い連帯感のある共同体性などの特殊な思想や文化のある社会を言い、その象徴的な事象が菅笠を被り天秤棒を担いで農産物などを売り歩く女性に見られます。

他方、働き者の女性は、徒歩に依存した天秤棒行商よりも多くの商品を遠くまで運んで売り歩くために、自転車を使った自転車行商を行うようになりました。こうして稼いだお金を貯めて、ムラ社会の男尊女卑文化の中で育ち定職に就こうとしない夫のために自転車やバイクを買い与え、小遣い稼ぎをさせています。これは、ベトナムが男尊女卑社会ではなく実質的には「かかあ天下的家族主義社会」であることを意味しています。

なお、2010年現在のベトナムの出生性別比は女性100に対して男性110・5で、インドの112、中国の120よりは小さいものの、近年には出生性別比が拡大しつつあると言われています。そのため男性の中には結婚できない者も現実に存在し、とりわけ低所得の男性の中には結婚を夢見つつ自転車やバイクでの貨物輸送を生業としている人々もいます。

ムラ社会の共同体文化

ベトナムでは農林水産業とりわけ農業が依然として重要な産業であり、米の生産に大きく依存しているのが一つの特徴になっています。農業は、1986年以降のドイモイ政策の下での配給制と管理価格の縮小・廃止や、個人農家の導入などによって飛躍的に発展したと言われています。このことは、ドイモイ政策以前の農業は立ち遅れていたことを意味し、それは対内的にはベトナム共産党による共産主義体制そのもの、対外的には第一次インドシナ戦争、ベトナム戦争、中越国境紛争によるものです。

第一次インドシナ戦争とは、1946年から1954年のベトナム民主共和国の独立をめぐるフランスとの戦争を言い、ベトナム戦争とは1960年から1975年のベトナムの南北統一をめぐる戦争を言います。中越戦争とは、1979年の中国によるベトナム侵略に対する防衛戦争を言い、中越国境紛争は1984年のベトナムの領域と認識されていた中越国境の高地への中国による侵略によって起こった大規模な軍事衝突を言います。このような戦争によってベトナムでは運命共同体的な文化、つまり共同体文化が一層顕著になったとされています。

戦争によって男たちは戦場に赴き、中越戦争時には正規軍だけで170万人の兵力があったと言われています。長い戦争が終わり、兵力の大幅な削減によって退役した男たちは、戦争や共産党一党独裁支配によって経済発展が遅れ、兵士以外には喜んでする仕事がなかったため、仕事もせずブラブラするようになったと言われています。なお、男たちが兵士以外には喜んでする仕事がないと考えるようになったのは、100年にわたる戦争においてベトナムがほぼすべての戦争で勝利したこと、つまり男たちの誇りの高さも関係していると言われています。

また、農村では人口の増加によって労働力が過剰になり、都市への出稼ぎ労働者や、「村八分」としてムラ社会から放り出された流民が大量に生み出されました。そのため、ベトナムでは198１年から2002年まで人口の増加を抑制するために「二人っ子政策」が行われ、3人目の子供が誕生すると罰金や解雇などの厳しい罰則が科されていました。なお、村八分とは、わが国では江戸時代以降に村落で行われた私的制裁とされ、村の掟に従わず村の秩序を乱した者やその家族に対して村民全体が申し合わせて絶交することとされていますが、ベトナムの村八分にはこの他にライダイハン差別もあります。ライダイハンとは、ベトナム戦争時に韓国人兵士による強姦などによって生まれた子供を言い、彼らは韓国軍の撤退と南ベトナム政府の崩壊によって「敵軍の子」として迫害され、これはムラ社会の共同体文化によるものと言われています。

他方、ドイモイ政策の下で農業は発展しましたが、現在でも農村では農業用トラクターや耕耘機が農作物などを積載した荷車を牽引して輸送し、またトラックの代わりに砂利などの重量貨物を積載した荷車を牽引しています。その一方で、都市には普通のトラックや乗用車を専門に輸送するキャリアカーもあり、都市と農村では貨物輸送において大きな違いが見られます。官僚や公務員など都市の特権的エリート層のためのキャリアカーと、農村の農民のためのトラクターの共存は、ベトナムにおける貧富の差を表しています。

路線バスと汚職文化

２０１０年現在、ハノイ市内では74路線で約１３００台の路線バスが運行されていますが、ハノイ市民の日常的な交通手段はバイクと自転車で、路線バスの輸送分担率は６％以下と言われています。それは、１９８０年代前半には路線バスの輸送分担率は25～30％を占めていましたが、ドイモイ政策以降は公益事業への補助金の削減によって多くの路線が廃止され、運行本数も削減されたからです。そのため、必然的にバイクと自転車がハノイ市民の日常的な交通手段になりました。なお、ドイモイ政策によって市場経済が導入されましたが、路線バス事業については規制者である行政当局が事業者として路線バス事業を独占しています。そのためベトナムの市場経済は共産党の一党独裁の上に成り立つ擬似市場経済に過ぎないと言われています。

他方、ベトナムの諺で「王の法律も村の垣根まで」と言われるように、ベトナムの村落はかつて国家に対して相対的な自立性を獲得し、それは村社会には連帯感の強い共同体文化があったからです。村の会議は、階層最上位の官吏や科挙の合格者・村役人と階層第３位の成年男子全員で行われていましたが、最上位者に異議を唱えることができず、また階層第２位の長老階級と階層最下位の未成年者と女性は排除されていました。そして、現在のベトナムでは共産党を最上位とする階層が形成され、共産党は一党独裁というベトナムのムラ社会の階層秩序の維持を自己目的化し、社会からの共産党批判を強権的に封じ込めているため汚職の撲滅が進まず、汚職が支配する社会になっています。

経済発展の遅れた国や共産主義国家で汚職が多いのは、政府にあらゆる許認可権などの権力が集中するとともに市場が独占支配され、汚職のための構造ができているからで、また共産主義国家は人治国家であり、人治国家である限り汚職はなくならないと言われています。

たとえば、汚職・腐敗防止のために活動する国際非政府組織のトランスペアレンシー・インターナショナルの「ベトナム汚職調査」（２０１０年）によれば、62％の人がこの３年で汚職が増加したと考え、汚職を経験した主要な分野は警察49％、教育36％、医療29％、税関29％で、教育分野での汚職は低所得者よりも中所得者の方が多く経験しているとしていました。

また、ハノイ市民に限れば教育70％、警察60％、医療52％で、教育分野で高いのはハノイが学歴競争社会であることに関係しています。それは、子供を学校へバイクで送り迎えをする親が多いことに表れ、下校時間帯には周辺道路で交通渋滞が発生するほどです。また「教師の日（先生の日）」には生徒の親は先生に花や現金などをプレゼントし、学歴競争社会の中で公然と贈収賄（汚職）が行われています。さらに、ベトナムの「サイゴンエコノミックスタイムズ」（２０１２年１

月12日付）は、2011年に行われた汚職に関する調査結果を紹介し、「回答者の38％が良い職場に入るため賄賂を支払う用意があるとしたのはベトナム社会では汚職が普通のことと考えられているからで、高学歴ほど汚職を認める傾向にある」としていました。

これは、約1000年にわたって中国の属国として支配されていたベトナムでは、儒教（統治思想）の影響を受けて権力指向型の向学心が生まれ、一方で儒教の理論的欠陥によってベトナムが血縁・地縁のコネ社会となったことによるもので、ベトナムでは「コネを以って尊しとする」という精神が「白（能力）より赤（コネ）」と呼ばれています。

シクロと貧富の差

ベトナム国民1人あたりの名目GDPは、2012年現在1528ドルと言われています。この数値が正しければ、ベトナム国民1人1日あたりの所得は4・2ドルになり、世界の貧困基準の1日1・25ドルと比較すればベトナムには貧困者はいないことになります。しかし、実際には1日あたりの所得が0・45ドルに満たない国民が約1000万人（全人口の約12％）いる反面、自家用ジェット機や世界で最も高価な乗用車を保有する人もいると指摘され、このことはベトナムには深刻な所得格差つまり貧富の差が存在していることを意味しています。

ベトナムでは信頼すべき統計値が公表されていないために、本当のことは分かりませんが、いろいろな研究によれば、ベトナムでは貧富の差は年々拡大し、最貧困層20％と最富裕層20％の所得格差で見たベトナムの貧富の差は1994年の4・1倍から2008年には34・4倍に拡大したと言われています。一般に、貧困の割合は高地、遠隔地、孤立地域、少数民族の住む地域で相対的に高く、貧困層の64％が北部山岳、北部中央、中央高地、中央沿岸に居住しているとされています。また、貧富の差は都市と農村部で明確に表れ、2010年の貧困率（全国平均14・2％）は都市部の6・9％に対して農村部では17・4％と指摘されています。

他方、ハノイとホーチミン・シティでは路線バスなどの公共交通機関が未整備であることから、市民が日常的に使っている交通手段はバイクと自転車で、バイクの世帯普及率は都市部では約120％ですが、農村部では約80％です。また、地域別ではハノイのある紅河デルタのバイク世帯普及率は約90％ですが、ホーチミン・シティのある南東地域では130％を超えています。都市部ではバイクが普及していますが、農村部では普及率は低く、自転車が主要な交通手段になり、都市と農村では日常的な交通手段にも貧富の差が表れています。

そして、ベトナムでは年代物の中古自転車の価格が約46万ドン（約1800円）で、農村部では1か月の収入に匹敵すると言われ、ハノイやホーチミン・シティでも歩道上に自転車修理屋がかなりの密度で店開きしていることは自転車が重要な交通手段であることを物語っています。

また、ベトナムには「シクロ」と呼ばれる三輪自転車タクシーがあります。前二輪後一輪型の三輪自転車で、客席が前にあります。シクロは「ホーチミン・シティの名物」と言われていますが、ハノイにも観光客向けのシクロがあります。運賃（料金）はバイクタクシーより高く、そのためシクロの多くは観光客向けに運行されていますが、運賃が交渉制のため観光客との間でトラブルが起きていて、日本の旅行誌などでは悪質なドライバーもいるので注意を呼びかけています。このシクロのドライバー職は、農村部からの出稼ぎ労働者や都市部の貧困層の就業の受け皿になっていて、このような状況はアジアの発展途上国では一般に見られます。

スーパーカブ文化と現実主義

２０１１年現在のベトナムでの登録バイク台数は、ベトナム交通省の統計によれば３３４０万台で、バイクの普及率は約２・５人／台に達しています。ベトナムでのバイクの年間生産能力は、ホンダの約２５０万台、ヤマハの約１５０万台、伊ピアジオの約30万台、台湾ＳＹＭの約30万台、スズキの約20万台、その他約10万台の計約４９０万台で、国内販売台数は２００９年には約２７５万台、２０１０年には約３００万台、２０１１年には約３３０万台と言われています。

ホンダが大きな市場シェアを持っているのは、ホンダのスーパーカブやドリームが１９７０年代以降のベトナムでビジネスバイクを普及させる端緒となったことと、ホンダのバイク（カブ）の扱いやすさや燃費の良さ、修理のしやすさだけでなく、想定範囲を超えた異常な酷使や過積載にも耐えるという高い信頼性があるからです。そのため、カブはバイクを生活の道具として重要視するベトナムのユーザーから現在でも高い支持を得ています。ホンダのカブが使いやすいのは「草履履きの片手運転」用に開発されたからで、異常な過積載とは重量貨物の搭載とバイクの3人乗りや4人乗りを言います。

なお、ホンダのカブに対する人気はスーパーカブ文化あるいはカブ神話を生み出し、最も人気のあるドリームⅡの新車価格は約3570万ドン（約14万円）、中古車価格は3100万ドン（約12万円）で、バイクの新車価格と中古車価格に大きな差がなく、ベトナムではバイクは一戸建て住宅（不動産）、金製品に次ぐ第三の資産形成手段にもなっています。価格が約2600万ドン（約10万円）の新車もありますが、それでも都市住民の平均的年収の2年分に相当します。そして、スーパーカブ文化あるいはカブ神話が生まれたのは、ベトナムの人々とりわけ経済都市ホーチミン・シティの人々の現実主義的な考え方によるもので、バイクのデザインよりも機能や使いやすさを重視するからと言われています。

他方、ベトナムでバイクが普及しているのは、排気量50 cc以下のバイクの運転には免許が不要なことと、市域が3～5㎞と狭いため生活圏内の移動や通勤にはバイクが便利だからで、そのため街のあちこちにレンタルバイク店があります。バイクはベトナムの人々にとって重要な交通手段になっていますが、バイクの交通事故が多発し、たとえばホーチミン・シティでは2009年に発生した交通事故の69・7％にバイクが関係し、死者数ではバイク乗車・乗用中が69・6％、負傷者では75・1％を占めていました。

バイクの交通事故が多いのは、道路が混雑し、排気量が50 cc以下のバイクの運転には免許が不要で、「家主の留守に鶏が海老を食べる」という諺があるようにベトナムの人々には管理されたり規制されたりしなければ自由に好き勝手なことをするという国民性があるからと言われています。このような国民性はムラ社会の家族主義文化によるもので、そのため諺で「王の法律も村の垣根まで」と言われるように、ベトナムでは個人の社会的責任や共通の社会的規範に対する意識が比較的希薄とされています。

家族主義文化と恐妻家

バイクが普及しているとは言え、高価なバイクを持てる者と持てない者という貧富の差があります。貧富の差は、ベトナムのムラ社会を象徴する共産党一党独裁支配の下での特権的な官僚階級や行政機構の一部の公務員による汚職によって生まれています。たとえば、バイクの信号無視は罰金5万ドン（約2000円）が相場ですが、金額が決められていないために外国人は50万ドンを要求されることがあると言われています。その一方で、ベトナムでは汚職は普通のことと考えられ、それは「勝てば王、負ければ賊」「勝者が歴史を作る」という諺が表すベトナムの人々の国民性によるものです。また「溜池の水を浴びる龍も、敵の手中に落ちた虎も、能力が劣ったものになる」という諺のように、「自分に合った環境を離れれば能力を発揮できない」とベトナムの人々は考え、それによって家族を中心とした男尊女卑的（現在はかかあ天下的）な家族主義文化が形成されたと言われています。

なお、ベトナムの家族主義文化とは、歴史的に自然に恵まれた生活環境によって社会（組織）に頼らずとも家族だけで生きていけるというもので、この家族主義文化を支えているのが働き者の女性であることから、ベトナムは「かかあ天下的家族主義社会」と呼ばれています。そして、内主（女性）が主人（男性）に自転車やバイクを買い与えて小遣い稼ぎをさせ、主人が黙って従っているのはベトナムには「辛くない唐辛子はない。旦那に嫉妬しない妻はいない」という諺があるほど女性が強く、男性は「妻に頭が上がらない」「妻を恐れる」恐妻家と言われています。ベトナムでは頻繁に阿部定事件が発生し、地方紙の社会面を賑わせていると言われています。

恐妻家の男性が買い与えられたバイクでする小遣い稼ぎが、バイクを利用した「セオム」と呼ばれるバイクタクシーです。乗客と一緒にその荷物も運びますが、乗客と荷物を一緒に運ぶために荷物の量は制約されます。そのため、荷物だけを運送する貨物バイクもあります。貨物バイクは、貨物を積載しやすいように後部座席の上に簡易な荷台を取りつけ、バイクメーカーの想定を超えた異常な過積載が行われています。なお、バイクタクシーや貨物バイクの仕事を始めるのに許可を必要とせず、50㏄以下のバイクは運転免許も不要なことから、バイクさえあれば容易に開業でき、そのためほとんどのバイクタクシーや貨物バイクは個人営業です。バイクタクシーや貨物バイクはスーパーマーケットの前などに待機していて、決まった運賃（料金）がないため、その都度ドライバーと客との交渉によって決められます。

他方、貨物バイクは想定を超えた異常な過積載をしていますが、それにも限度があります。そのため、より多くの貨物を積載し運送するために三輪貨物バイクも使われ、これには後荷台型（前一輪後二輪型）と前荷台型（前二輪後一輪型）があります。また、ホーチミン・シティでは二輪の荷車に貨物を積載してバイクがそれを牽引する「モーターセロイ」と呼ばれる貨物輸送が行われています。

排外文化と外国人料金

ベトナムの鉄道はベトナム国鉄によって運行され、主要な路線はハノイを起点とした南北線、ハイフォン線、ラオカイ線、ドンダン線の4路線です。「統一鉄道」と呼ばれている南北線はハノイとホーチミン・シティを結び、路線距離は1726㎞で非電化、所要時間は最短で29時間30分です。ラオカイ線とドンダン線は中国国境まで伸びている路線です。鉄道の旅客輸送分担率は2007年現在で約9％、貨物では約4％と言われ、貨客混合列車が運行されています。

鉄道が発達していないため、ベトナムでは長距離の移動には長距離バス（寝台バス）が利用されています。長距離バスはベトナム国内の主要な都市間を結び、ハノイやホーチミン・シティを発着するバスは複数のバス会社によって運行され、バスの種類や発着時間、運賃（料金）はさまざまです。ベトナムではかつて鉄道と長距離バスでは自国民とは別体系の法外な言い値の運賃を課す「外国人料金」が採用されていましたが、現在では廃止されたとされています。しかし、長距離バスでは地方やバスターミナル、窓口のスタッフ、ドライバーによっては、言い値の外国人料金が請求されることがあります。

なお、外国人料金はベトナムのムラ社会文化を表しています。ベトナムでは長い戦争による運命共同体的な統制によって強い連帯感が生まれ、固く結束するようになり、そのため外国人など「よそ者」に対しては排他的となり、排他文化が生まれました。外国人料金はその排他文化の一つを表しています。また、かつてベトナムのムラ社会では外に対して自立性が主張され、そのため村八分を含む排他主義による秩序維持が自立性と考えられていたため、排他文化が生まれたと言われています。

そして、外に対する自立性の主張の反動として、内に対しては連帯感や結束力を高める運命共同体的な規制が行われ、ムラ社会に反発する者や食い詰め者がムラの秩序を乱すとしてムラから放り出されて流民を発生させる村八分文化が生まれました。なお、外国人排除は、外国人の入国を拒否すれば簡単に実現できますが、入国を拒否せず外国人料金を課していたのは、共産党独裁政権が国民の排他文化を利用して私腹を肥やすために外国人料金を利用していたからです。

外国人料金は、交通以外では現在でも当たり前のように残っています。それは基本的にはベトナムの人々の排外文化によるものですが、それ以外にもベトナムの人々の「明日の100万ドンより今の10万ドン」という金銭感覚（経済観）や、官僚や公務員の汚職を認め、無宗教者が半数弱を占めるという国民性や、統治思想としての儒教の影響による社会的な道徳規範の希薄性もあると言われています。

タクシーと妬みの文化

タクシーは、都市部では多くの会社によって運行され、そのほとんどがメータ制です。ただし、ベトナムには営業許可を得ていない違法タクシー（偽タクシー）もあり、違法タクシーは一般に汚職が文化として定着している国に見られます。違法タクシーは法外な運賃を請求することがあり、外国人旅行者との間でトラブルが多発しています。また、ハノイには日本でいう軽自動車を使ったミニタクシーがあり、日本の旅行誌などではミニタクシーでは運賃トラブルが多発しているため極力利用しないように呼びかけています。ミニタクシーは普通のタクシーよりも運賃が安く、トラブルがなければミニタクシーは1～2人で使う場合には安価なタクシーと言えます。

都市部のタクシー運転手の中には、しっかりと教育された礼儀正しい運転手も多くいますが、客が外国人旅行者の場合にはメータを倒さずに走行して法外な運賃を請求する悪質な運転手もいれば、メータに細工のしてあるタクシーもあり、遠回りをする運転手、メータ以上の金額を請求する運転手もいます。

タクシー運転手の中にこのような悪質な運転手がいるのは、排他文化によって外国人を差別する外国人料金を正当化し、また「ベトナム人には外国人の顔はお金に見える」と言われるように、欧米人や日本人を金持ちと考え、金持ちから金品を騙し取ることに対する罪悪感が希薄な人々が一部にいるからと言われています。彼らは、日本の政府開発援助（ＯＤＡ）についても「先進国が援助するのは当たり前だ」と考えていると言われています。また、外国人料金が現在でも残っているのは金持ちから金品を騙し取ったりすることに罪悪感がないからです。「ベトナム人には外国人の顔はお金に見える」というのは妬みの文化を表し、それはベトナム共産党が経済発展を阻害し、人々が経済的に貧しい状態に置かれているからです。

なお、「ホーチミン・シティは泥棒天国」と言われますが、ホーチミン・シティに限らずベトナムにはバイクを使った引ったくりが多く、日本の外務省の渡航スポット情報（2012年3月11日）は「ホーチミン・シティ市内中心部においてバイクによる引ったくり事件が多発しており、被害件数が増加しています。ベトナム警察当局によると、引ったくり犯の多くは麻薬中毒者である例が多く、その手口は凶悪化しており、刃物で刺され負傷する被害者もいるようです」としていました。このような犯罪はベトナムに限らず多くの国で見られますが、ベトナムに麻薬中毒者が多いのはフランスによる植民地支配とベトナム戦争の負の遺産と言われています。

他方、空港のタクシー乗り場での営業は認可を受けたタクシー会社に限られ、空港から市街地までの運賃は決められているため、空港カウンターでチケットを購入すれば安心して利用できます。しかし、共産党一党独裁のため許認可の不透明さが指摘され、賄賂の温床になっていると言われています。

1国2文化と軽トラバス

ベトナムには北部にハノイ、南部にホーチミン・シティの二大都市があり、両都市は別の国かと思うほどの大きな違いがあります。ハノイは、１９４５年に建国された東南アジア最初の社会主義国家のベトナム民主共和国（北ベトナム）の首都が置かれていた都市、現在のベトナム社会主義共和国の首都で、一般に政府の影響が強いものの比較的落ち着きのある街と言われています。ホーチミン・シティ（旧名サイゴン）は、ベトナム国（南ベトナム）の首都が置かれていた都市で、政府の影響が比較的弱く、自由で活発な街と言われています。両市とも他のベトナムの都市と比較してバイクや自動車が多く、ホーチミン・シティでは自動車はバイクに道を譲ることが多いのに対して、ハノイではバイクと自動車の道の譲り合いはあまり見られないと指摘されています。

両都市の違いは乗り物にも表れ、ハノイにはありませんが、ホーチミン・シティには軽トラックをバスとして使用している「ダイハス」と呼ばれる軽トラバスがあります。これは、軽トラックの荷台に簡易な屋根を取りつけ、簡単なベンチ風の座席を備えただけのものです。また、ハノイにはセダン型の4人乗りタクシーが多く、ホーチミン・シティにはミニバン型の7人乗りタクシーが多いという違いがあります。バイクについてはハノイではスクーター型が多く、ホーチミン・シティではカブ型が多いという違いもあります。さらに、ホーチミン・シティには後荷台型（前一輪後二輪型）と前荷台型（前二輪後一輪型）の三輪貨物バイクがありますが、ハノイは後荷台型だけです。

なお、ベトナムは多民族国家で、キン族が人口の約85％を占めていますが、他に華族、ターイ族、クメール族、ムオン族など53の少数民族が暮らしています。少数民族は一般に、山岳部や高地に住み、人口は全人口の約15％ですが、その居住地域は国土の約3分の2を占めています。そして、かつては平地民（キン族）と山地民（少数民族の大半）の間で地形的な高度に応じて互いに「縄張り」を認め合い、ムラ社会の内部のことには干渉しないという棲み分けが行われていたと言われています。

他方、ベトナムでは「信仰・宗教法令」（２００４年施行）によって信仰および宗教の自由が保障されていますが、公的に認められた宗教は仏教、カトリック、プロテスタント、イスラム教、カオダイ教、ホアハオ教の6つです。ベトナムは、日本と同じように大乗仏教が伝わった東南アジアでは珍しい国で、東南アジアで一般的に見られる厳しい戒律のある上座部仏教ではないため、ベトナムには顕著な仏教文化は見られず、またそれは国民の約46％が無宗教であることも関係しています。一方で、ホアハオ教とカオダイ教はベトナムで生まれたベトナム独自の宗教で、共産党員にはホー・チ・ミン元国家主席のみを信仰するホー・チ・ミン信仰があると言われ、個人崇拝は共産主義国家で一般に見られます。

5
中国

中国の経済と交通

中華人民共和国（以下、中国と略す）は、鄧小平《ダンシャオピン》の時代に中国共産党による一党独裁体制を堅持しつつ、市場経済を導入するなど経済開放政策によって1980年から近代化を推し進めました。経済改革開放が進み、中国は「世界の下請工場」と呼ばれるほどの急成長を遂げましたが、急激な経済成長とともに拝金主義が蔓延し、貧富の差の拡大や環境破壊が大きな問題となっています。

そして、都市化の加速に伴って中国の首都北京では道路の交通渋滞が激しくなり、ビジネスや生活面でのコスト（時間・費用など）や、環境面での社会的コストが日増しに高まっていると言われています。そのため、軌道系公共交通機関としての地下鉄の建設が推進され、その結果2007年10月現在での北京市民の外出時の利用交通手段は、徒歩以外では、地下鉄やバスなどの公共交通機関の利用が34・5％となり、自動車（自家用車）の32％をやっと上回りました。しかし、これで道路渋滞が緩和され、大気汚染などの環境問題が解決されたわけではなく、依然としてバスや自家用車による道路混雑は慢性化したままで、環境破壊も続いています。

また、中国では自転車に代わってフル電気自転車が急増し、免許の不要な電気自転車による交通事故という新たな交通問題が発生しました。そのため、かつては環境問題への対策として電気自転車を推奨していましたが、現在では北京市内など大都市では電気自転車の新規登録を制限するなど、「アクセルを踏みながらブレーキをかける」という場当たり的な政策が強権的に推進されています。

他方、1932年の満州国の建国によって南満州鉄道は1934年11月に大連《ダーリエン》～新京《シンキン》（満州国の首都）間に特急「あじあ号」の運行を始め、表定時速82・5㎞（最高時速130㎞）は当時の東京～神戸間で運転されていた最速特急列車「燕」の表定時速69・6㎞を大きく上回っていました。また、日中戦争時に日本が統治した華北地域（北京や天津など）では1938年に設立された南満州鉄道系列の華北交通が戦闘で破壊された鉄道を復旧して釜山～北京間2067・5㎞で優等列車「大陸号」（37・5時間で走破）を運行し、華中地域（南京や上海など）では1939年に日本と中華民国維新政府、南京国民政府の合弁会社として設立された華中鉄道によって運営され、上海～南京間331㎞を特急列車「天馬号」や「飛龍号」が5時間20分で結んでいました。

そして、日中戦争後の国共内戦に勝利した中国共産党は1949年の中国建国以来、鉄道を国の重要産業と見做し、日本が中国に残した鉄道資産を共産党員の利益分配の道具とするために国有鉄道として管理・運営しています。共産党政府による鉄道の整備によって路線総延長は2000年には6万7000㎞となってインドを抜いてアジア最大となり、2010年には9万1000㎞まで延伸され、アメリカに次ぐ世界第2位の規模に達しました。路線延長と同時に、電化や複線化、高速化も進められていますが、そこには知的財産権の問題などが山積しています。

公共バスと大気汚染

北京の地下鉄は、1969年10月に北京駅～苹果園《ピングオユエン》駅間（現在の1号線の西半分と2号線の南側に相当）で初めて開業しました。当初は公務員専用で、一般に開放されたのは1977年のことです。しかし、地下鉄が本格的に建設されるようになったのは2000年代に入ってからで、そのため北京では公共バスを中心とした旅客輸送体系が形成され、それが大きな特徴となり、また経済成長に伴って自家用車が急増したため深刻な道路の交通渋滞や排気ガスによる大気汚染が発生しています。

なお、北京にあるアメリカ大使館は独自のシステムによって大気汚染を測定し、2011年末頃から人体に悪影響を及ぼすとされる直径2・5マイクロメートル以下の超微粒子「PM2・5」が500の数値を超える日が続いたため、北京の大気を「有害」「危険」と判断していました。「健康に悪い」と判断される数値は150ですが、北京環境保護局はそれを「軽微の汚染」と発表し、アメリカ大使館の測定結果を非難していました。

北京の公共バス（日本でいう路線バス）は、普通バス（市内路線）、トロリーバス、夜間バス、近郊バス、空調バス、2階建てバス、近郊空調バス、旅遊バス、長距離バスに分類されています。空調バスはエアコンバスと呼ばれ、日本ではエアコン付は当たり前ですが、北京では無いのが普通で、そのためエアコンバスの人気は高く、そのためエアコンバスの運賃は高く設定されています。しかし、エアコンバスの人気は高く、それはバスが排気ガスやスモッグが充満する市街地を走行するため、窓が開放されていないエアコンバスの方が健康被害を少なくできるからです。

また、旅遊バスは日本でいう定期観光バスに相当するもので、この旅遊バスには普通車、空調車、豪華車の区分があります。同じ観光路線を走行するにもかかわらず普通車や豪華車というランクが設けられ、このような政策的差別こそが「先に豊かになれる地域と人から豊かになれば良い」という1985年頃から鄧小平が唱えた改革開放の基本原則の産物であり、共産党の一党独裁体制に根ざした中国の階級的な格差文化を実体的に表しています。

つまり、北京の公共バスの基本は高運賃を負担する富裕層には高サービスを提供し、高運賃を負担できない貧困層には低サービスしか提供しないというもので、バスに限らずあらゆる高サービスを享受できる富裕層は一般に中国共産党員と一部の先富者だけです。なお、中国の階級社会の一つを表す共産党員と非共産党員という「政治的階級」を見ると、共産党員は2012年末現在8513万人ですが、総人口に占める比率はわずか6・3％で、これはごく少数の富裕者と大多数の貧困者という政治経済的格差を表しています。

連節トロリーバスと戸籍制度

連節バスは、大量輸送のために車両の後ろに通り抜けが可能な車両を1両あるいは2両連結したもので、1両連結2両編成では全長は18～19m、旅客定員は110～190名、2両連結3両編成では全長は24～26m、旅客定員は約270名と言われています。また、北京の代表的な公共バスにトロリーバスがあり、トロリーバスは道路上空に張られた架線から集電装置（トロリーポール）を用いて集電した電気でモーターを回して走行するバスで、蓄電型ではなく集電型の電気バスです。そのため、トロリーバスは路面電車と同じように走行時には排気ガスを出さず、エンジンの騒音がなく、そのため環境に優しいという特性があります。このトロリーバスにも2両を連結した連節トロリーバスがあります。また、2階建てバスも運行されていますが、それは基幹的な大量輸送用の公共バスではなく、旅遊バス（観光バス）としての性格を強めています。

このような連節バスや連節トロリーバスの運行は、膨大な人口、とりわけ農村部からの出稼ぎ労働者の増加を背景とする輸送需要に対応するためのものです。中国では人口が急激に増加したため1979年から「一人っ子政策」を実施して出生率の統制による人口の抑制が行われてきましたが、人口増加率は低下したものの人口は増加を続けています。国連の「世界人口の見通し」（2012年改訂版）によれば、中国の人口は2030年には14億5330万人まで増加するとされています。また、都市部の人口は農村部からの出稼ぎ労働者の流入によって増加を続け、中国の階級社会の一つを表す都市住民と農村住民という「地理的階級」をみると、都市人口の割合は2011年に51・3％になり、農村人口を上回りました。

なお、中国には戸籍を「都市戸籍」と「農村戸籍」に大別するという差別的な戸籍制度があり、農村から都市への人口の流入を厳しく制限するために、農村戸籍を持つ農民が都市に移転することを基本的に禁止しています。この戸籍制度によって、中国では農村と都市という2つの異なる世界が人為的に作り出され、それによって所得格差が生み出されているばかりか、特権を享受する都市住民と犠牲を強いられる農村住民という二大階級が形成されています。そして、現実には都市は大量の安価な労働力を必要としているため、農村部からの出稼ぎ労働者の流入を認めざるをえない状況になっていますが、出稼ぎ労働者は富裕な都市住民によって差別されています。

タクシーと偽物文化

公共バスや地下鉄の整備が進められているとはいえ、まだまだ不便な北京ではタクシーも市民の重要な交通手段になっていますが、それは比較的富裕な市民にとっての話で、貧困者が日常的に利用できるというものではありません。

タクシーの主力車種として、かつてはシャレード（中国名：夏利）が使われていましたが、2005年に大幅な車両更新が行われ、現在ではフォルクスワーゲンの「ジェッタ」が主流になり、そのほかには韓国の「ソナタ」（北京現代自動車製）などが使われています。タクシーの車両は一新され、見かけは綺麗になりましたが、タクシー利用客からは「臭い」「強烈なニンニクや足の臭いを放つ運転手がいる」という苦情が多く寄せられていました。その原因は、運転手の車内での飲食や喫煙、睡眠が習慣化しているからと言われていました。

そのため、２００７年４月にタクシーの改革が行われました。それはオリンピックで北京を訪れる人々に「良い印象を与える」ことを目的としたもので、国民の苦情に対処するものではなかったのですが、全運転手に車内での食事、唾吐き、喫煙が禁止され、女性運転手には「奇抜なヘアスタイル」とイヤリング着用の禁止、「きちんとした髪型」「こぎれいな服装」が義務づけられ、同年７月からは男性のタクシー運転手の口ひげや坊主頭も禁止されました。さらに、オリンピックを契機に国際的なイメージの改善を図ろうとしていた北京市は、北京オリンピックを「禁煙五輪」とするための取り組みの一つとして、タクシーについては２００７年10月より乗客に対しても禁煙を実施しました。このような対策は、面子（体面や面目）を気にする中国の形振り構わぬご都合主義的な対策で、共産党の一党独裁政権だからこそできることです。なお、中国では面子は序列や地位とも無関係でなく、時には面子は中国の人々の間では法や規則より重んじられると言われます。それは、中国が共産党一党独裁体制であるとは言え基本的には儒教型の階級社会だからです。

そして、中国のタクシーの中には運転席が鉄製の柵や強化プラスチックなどで囲まれた防犯タクシーがあります。中国ではタクシー強盗のような事件が多発しているために取りつけられたものですが、このタクシーの柵はいかにも人間不信の中国、治安の悪い中国を如実に表しています。

他方、現在でも無許可の違法な偽タクシーが多く存在し、そのため偽タクシーの一掃などを求める大規模なタクシーのストライキが起きています。偽タクシーだけではなく、偽救急車まであるという中国の偽物文化は筋金入りで、そこには「騙される方が悪い」と考える中国の人々の拝金主義的な偽物文化と模倣文化が見られます。中国の人々が拝金主義と言われるのは、国民性が「詐・盗・争・私・汚」の5文字で表され、「嘘をつき、盗み、人と争い、個人の利益を追い求め、そのためには汚いことも辞さない」からと言われています。

人治国家と人力三輪車

三輪自転車タクシーとは、自転車の前半分の後ろに人力車風の車体を結合したような形状の乗り物で、中国では「人力三輪車」あるいは単に「人力車」と呼ばれています。北京では、下町と言われる昔ながらの町並み（胡同《フートン》・本通りから横に入る細い路地）を人力三輪車に乗って観光するのが定番となり、胡同観光では人力三輪車は外国人観光客だけではなく、中国人観光客にも利用されています。胡同観光に見られるように、北京では人力三輪車は一つの観光名物になっていますが、オリンピックを控え人気の高い人力三輪車の数が急増し、観光客との間でトラブルが多発したため、街の浄化作戦として個人営業の人力三輪車に突然の営業中止命令が出されました。これも、タクシーと同じように政府が面子を気にしたものです。

なお、人力三輪車は著名な観光地では主に観光客用として運行されていますが、地方では庶民の日常生活の足として多くの人々によって利用され、このことは都市と地方という地域的な所得格差を表しています。たとえば、２０１０年の都市部での年間平均所得は日本円で約24万円ですが、地方・農村部では約７・７万円で、また都市居住者の所得最上位10％は最下位10％の約23倍の所得を得ていると言われています。都市部では人力三輪車が農村部からの出稼ぎ労働者の仕事になっていて、それは都市と農村の所得格差を表しています。

他方、自転車は現在でも中国の人々にとって重要な移動手段ですが、都市部では自転車の数は減少しています。それは、経済発展に伴うバイクの急増によって排気ガスによる大気汚染や騒音が大きな社会問題になり、その対策として都市ではバイクの数量規制が行われ、その代替として電気自転車の開発が積極的に進められ、北京や上海の市政府がそれを支援したため電気自転車が１９９８年頃から都市部を中心に急速に増加し、瞬く間に人々の足として定着したからです。

電気自転車は、日本で言う電動アシスト自転車ではなくフル電動自転車で、ペダルを踏まなくてもモーターで走行し、ペダルのない電気自転車は「電動スクーター」と呼ばれています。中国では時速が20㎞以下であれば自転車と認定され、運転免許を必要としません。価格は変速ギヤ付自転車とほぼ同額で、８時間充電すれば時速20㎞で40㎞以上走れると言われています。

しかし、爆発的な需要を創出した電気自転車は自動車などと一緒に公道を走行するため交通事故の危険性が高いと判断され、都市では電気自転車の新規登録ができなくなりました。このような場当たり的な政策に、人治国家の悪弊と、それに抵抗できない中国の人々の奴性が顕著に表れています。なお、奴性とは独立した人格を持たず、権力に付き従うことしかできない奴隷的性質を言います。

三輪車文化と階級格差

中国には人力三輪車を一回り小さくしたような三輪自転車があり、この小さな三輪自転車にモーターを搭載した電気三輪自転車があります。それをタクシーとして使用しているものが電気三輪自転車タクシーと呼ばれています。人力三輪車にモーターを搭載した電気三輪車はありませんが、自転車の前半分あるいは後ろ半分と二輪の荷台を結合したような形状の三輪貨物自転車にモーターを搭載した電気三輪貨物自転車があります。

電気三輪貨物自転車にも電気自転車と同じように、ペダルのあるものと、ペダルのないものがあり、さらに三輪貨物自転車に小排気量のエンジンを搭載した原動機付三輪貨物自転車もあります。中国の三輪貨物自転車には荷台が後ろ、前、横のものがあり、非常にバラエティに富み、インド文化圏のオートリクシャー文化やタイのトゥクトゥク文化に匹敵する特有の三輪車文化が形成されています。

他方、三輪バイクとは三輪自転車の自転車部分をバイクに取り換えたようなもの、あるいは電気三輪自転車の動力機をモーターから内燃機関に取り換えたようなもので、この三輪バイクを使ったタクシーが三輪バイクタクシーと呼ばれています。中国では三輪バイクタクシーは「三輪タイプのバイクタクシー」と呼ばれ、それはバイクの後部座席に乗客を乗せて輸送するバイクタクシーと区別するためです。都市部の三輪バイクタクシーやバイクタクシーは、バイクの数量規制によって少なくなりましたが、地方では主要な交通手段として使われています。

三輪バイクタクシーは農村部からの出稼ぎ労働者のほか、都市住民の中の貧困層の仕事になっていて、それは都市内の所得格差を浮き彫りにしています。中国の階級社会の一つを表す大卒と非大卒という「学歴的階級」をみれば、大卒の銀行の支店長と非大卒の清掃係の給与格差は70倍あると言われ、このような学歴的格差が都市内の所得格差を生み出しています。なお、政治的階級、地理的階級、学歴的階級という中国の階級社会を総合した富裕者と貧困者という経済的階級をみれば、2011年には個人資産1000万元（約1億2000万円）以上を所有する富裕層は約111万人、その年齢は36~39歳です。

三輪自動車と経済重視文化

中国の多くの三輪バイクタクシーは、三輪貨物バイクに後から客席とドアや屋根などを取りつけたものですが、これとは別に、屋根やドアなどが最初から一体的に形成され製造された三輪バイクもあります。車両を後ろから見れば、小さな乗用車のように見え、運転席用のドアは左右にありますが、後部座席用のドアは車両後面1か所にしかありません。中国では製造コストの安い三輪貨物バイクの改造型が主流のため、現在では屋根やドアが一体的に形成された三輪バイクを使った三輪バイクタクシーを見かけることはありません。

三輪バイクの進歩したものが三輪自動車で、中国には三輪自動車を使った三輪自動車タクシーがあります。イメージ的には、日本の軽乗用車の前輪を2輪から1輪にしたようなものです。三輪バイクと比較すれば、三輪自動車の車輪径は三輪バイクよりも小さく、ホイールベースは長く、乗客用ドアも左右にある4ドア車で、ハンドルはバー（棒）ハンドルではなく丸ハンドルです。そのため、運転席の横、つまり助手席にも乗車できます。このような三輪自動車を使ったタクシー、つまり三輪自動車タクシーを大都市では見ることはありませんが、比較的大きな一部の地方都市では三輪バイクタクシーとともに人々の重要な足としての役割を果たしています。

かつて、日本では本格的な唯一の三輪乗用車「ダイハツＢｅｅ」が生産されていましたが、現在では世界的にも四輪自動車が主流で、先進国では三輪自動車を見かけることはほとんどありません。三輪自動車はその構造上、安価に製造でき、軽量かつ経済的な自動車で、四輪自動車よりも格段に小回りが利く使い勝手の良い自動車ですが、四輪自動車と比較してタイヤの接地が3点のため重心のバランスが悪く、右左折時には横転することがあります。そのため、三輪自動車が自動車の主流になることはなく、四輪自動車が主流になっています。

現在では、三輪自動車の右左折時に発生する強い遠心力を前輪の重心移動で解消し、横転を防止する技術が開発されていますが、中国の三輪自動車には採用されていません。たとえば、2005年にドイツ自動車連盟が中国の江陵汽車製の四輪駆動車「陸風」の衝突安全テストを行った結果は、衝突時に乗員スペースが完全に潰れてしまい、「事故が起きればドライバーの生存確率はほぼゼロ」という評価で、陸風はドイツ自動車連盟の20年間の衝突安全テストで最低の車と言われていました。また、2009年に中国の華晨《カシン》汽車製セダンが受けた衝突安全テストでは、0点という史上最低の評価が出されました。高価な乗用車が技術的にこの程度のレベルのものであるため、安価な三輪自動車にコストの掛かる高度な技術が採用されることはありません。

しかし、それがタクシーとして使われ、拝金主義が蔓延している中国の実態は「経済重視」「人命軽視」で、経済重視は拝金主義の下で中国の一つの文化を形成しています。なお、中国はパキスタンに1990年代後半から三輪バイク型の乗り物「チンチー」を輸出するとともに、2005年頃からは三輪バイク型幌付車や新型の三輪乗用車も輸出しています。

大都市には共産党幹部やその地縁・血縁者、官僚などの富裕層が自家用車として保有する高級外車のベンツやBMW、アウディなどがあり、タクシー車両としてジェッタやソナタが使われています。一方、地方都市や農村には人力三輪車、バイクタクシー、三輪バイクタクシー、三輪自動車タクシーなどがあり、乗り物に大きな違いが見られます。これは、中国では階級格差的な車社会が形成されていることを意味しています。

長距離列車と農民蔑視

中国では鉄道路線のほとんどが国務院鉄道部の管轄下にあり、長距離移動や貨物輸送で最も多く利用され、重要鉄道路線が「八縦八横」と呼ばれるように全国に張り巡らされています。鉄道旅客輸送は長距離輸送が中心で、2~3日かけて広い中国大陸を走る列車も珍しくなく、また直通運転を原則としたダイヤが編成されています。中国の鉄道には「汚い」「治安が悪い」「乗務員の態度が悪い」「速度が遅い」などの悪評が多く、「汚い」と言われるのは乗客が汚すからで、それは中国の人々には道徳心が欠如しているからと言われています。

たとえば、2007年4月からドイツや日本などから輸入された高速列車の運行が鳴り物入りで始まりましたが、乗客の道徳心の欠如、マナーの悪さなどが露呈し、大きな社会問題になりました。それは、車内備品の持ち去りや通風孔へのゴミの投入、緊急通報ボタンを押すなどの悪戯で、持ち去られた車内備品には緊急脱出用のハンマー、トイレ便座の温度調節つまみ、自動蛇口、トイレットペーパーの巻き芯などがあります。

なお、道徳とは人々が善悪をわきまえた正しい行いをするために守り従わねばならない規範の総体とされていますが、中国の人々にはそれが欠如しているため、2010年の上海万博の開幕を迎えた上海市当局は3段階の「文明行動計画」を公布しました。第1段階として、①みだりに痰を吐かない、②所かまわずゴミを捨てない、③公共物を壊さない、④緑を破壊しない、⑤身勝手に車道を渡らない、⑥公共の場でタバコを吸わない、⑦乱暴で汚い言葉遣いをしないように呼びかけましたが、中国一の国際都市と言われる上海でもまったく効果がなかったことはよく知られています。中国の人々に道徳心がないのは、儒教が道徳として発展せず、統治思想としての儒教が支配する社会そのもの、つまり共産主義体制そのものに道徳心がないからと言われています。

他方、多くの出稼ぎ労働者の出身地である成都や重慶などの地方と北京を結ぶ長距離夜行列車は、出稼ぎ労働者などの低所得者層も乗車できるように二等寝台（硬座）が比較的多く編成されています。しかし、出稼ぎ労働者は乗客であるにもかかわらず人間扱いされないと言われています。それは、農村から都市への出稼ぎ労働者はかつて「盲流《ビンイン》」と呼ばれ、盲流には「勝手に移動している違法な輩」というニュアンスがあり、出稼ぎ労働者は蔑視されているからです。最近では盲流の代わりに高度経済成長を支える農民労働者という意味の「民工《ビンイン》」という言葉が使われていますが、ここには中国らしいご都合主義が見られます。農村出稼ぎ労働者専用帰省列車が運転されているのもご都合主義によるもので、農民蔑視がなくなったわけではありません。

なお、毎年春節には帰省客のために臨時列車が運行されていますが、運行本数が絶対的に不足しているため、春節が近づくと駅は切符を購入しようとする人々で大混乱します。切符の取得が難しいため、私腹を肥やそうとする関係者が「横流し」した切符が違法なダフ屋によって額面の10倍以上の高額で販売されています。

また、切符の取得難ゆえに、切符を購入する時に中国の人々は秩序正しく並んで順序よく購入しようとせず、割り込みが当たり前になっています。そのため、切符売場では大混雑と大混乱が起きています。中国の人々は列車やバスに乗る時にも並ぼうとしません。それは中国の人々が先富論によって蔓延した拝金主義の下で、共産党の思惑通りに、ますます私徳に走り道徳心のない奴性的な民に仕立て上げられているからです。

地下鉄と賄賂文化

中国で初めて建設された地下鉄が北京の地下鉄で、1965年7月に建設が始まり、1969年10月に開業しました。この路線は、毛沢東の指示で天安門（長安路）の下に掘られていた防空壕兼食糧備蓄庫が転用されたと言われています。開業当初は公務員しか乗車が認められず、一般に開放されたのは1977年のことです。公務員しか乗車が認められなかったというのは一般には信じ難いことですが、現在でも中国の公務員は優遇された特権階級です。2006年の中国青年報社と騰《テン》訊《セン》網新聞中心による就職意向調査では73・6％が公務員を志望し、１９９５年以来、公務員試験の受験者数は増加傾向にあり、２００５年には約１００万人（競争倍率50倍）が受験したと言われています。

公務員を志望する理由には、「医療や退職後の保障」（83・3％）、「実際的な利益の獲得」（55・8％）、「体面や達成感」（44・2％）などがあげられています。半数以上があげている「実際的な利益の獲得」とは賄賂のことで、中国では「賄賂は文化だ」と主張して賄賂を正当化する公務員もいます。また、賄賂や汚職などで摘発された公務員に対する寛刑が年々顕著になっています。つまり、中国では公務員は共産党員と同じように特権階級にあり、政治的階級を形成しているため公務員志望者が多いのです。

他方、２００８年6月に北京の地下鉄全線の全駅で一斉に自動券売機と自動改札機が導入され、北京市民に親しまれてきた従来の紙切符は廃止されました。上海や広州、深圳、天津などの地下鉄ではすでに自動券売機や自動改札機は導入されていましたが、北京では自動券売機も自動改札機も初めてです。北京では交通機関の切符をはじめ煙草も飲み物も「手売り」を基本とし、日本のように自動販売機にお金を入れてモノを買うという習慣はなく、そのため初日には自動券売機と睨めっこをする人、自動改札機の×印のついた出口から入ろうとする人もいて、混乱状態が続いたと言われています。

また、自動券売機では1元コイン、5元札、10元札しか使えません。いずれは高額紙幣も使えるようになるとのことですが、北京では上海などと比較して1元コインの流通量が極端に少なく、庶民が日常的に使っている1元札が利用できないため、自動券売機の前に1元コインの入ったビニール袋を持った係員が立っていて、紙幣とコインを交換していました。このことは、地下鉄を建設・運用する側と利用する側、つまり特権階級の公務員という支配者層と被支配者層としての市民との間の生活実態に乖離（生活格差）があることを意味し、ここに利用者を無視して政策を一方的かつ独善的に押しつけるという中国の交通政策のあり方が見られます。

なお、2006年5月よりプリペイド方式の交通ICカード（北京市政交通一卡通）が全面的に導入されました。交通ICカードは一般に経費（人件費）の削減と業務の効率化を目的として導入されていますが、中国では偽札対策という目的があります。あらゆるモノが模倣され生産・販売されている中国では当然、大量の人民元の偽札が流通し、また中国の人々には偽札を使う習慣があります。偽札に対する中国の人々の意識は、偽札作りや行使が犯罪行為であるという認識は低く、それは儒教の影響によって国家や家族にとって都合の悪いことや不名誉なことを隠すのが正義とされているため、その拡大解釈によって「嘘をつくことは悪いことではない」「騙される方が悪い」と考えるようになり、それが定着しているからです。日本の特許庁の2009年度の調査によれば、海外で模倣被害を受けた国として日本企業の66％が中国を第1位にあげていました。

高速鉄道と奴性文化

中国鉄道部は、在来線の高速化と高速新線用の列車をドイツの技術支援を受けて開発していました。しかし、失敗の連続で、中国独自の技術で高速列車を開発するには今後10〜15年かかることが明らかになったため、２００５年に海外から高速鉄道の技術を導入することを決定しました。わが国では「安易な技術流出は危険だ」として中国への高速鉄道技術の輸出に反対の声があり、ＪＲ東海、日本車輌、日立製作所が拒否したため、技術供与に積極的だったＪＲ東日本と川崎重工からＥ２系１０００番台の技術が供与されました。

各国から輸入された車両は「和諧号」と呼ばれています。和諧という語は「調和」を意味する語で、和諧社会とは「調和のある社会」「調和のある発展」を言います。この語は改革開放の基本原則「先富論」によって経済の高度成長に偏重しすぎたことを反省し、持続可能な発展（真意は共産党独裁政権の持続的安定）を目指す政治スローガンとして頻繁に用いられています。

そして、中国は輸入した高速鉄道車両を国産と主張して、特許出願や海外への売り込みを行い、国際問題になっています。中国がドイツや日本など外国の高速鉄道の技術を模倣するのは、中国には優秀な科学者や技術者がいないからで、それは中国には自由がなく、自由のないところでは創造力が育まれないからです。また、中国では儒教（程朱学派）がものづくりを蔑視していたために技術が発達しなかったと言われています。

中国政府は、自国に優秀な科学者や技術者がいないため、世界中から頭脳をかき集める方針を打ち出し、アメリカと同等の報酬を保証するとして、米航空宇宙局で働くエリート科学者1000名の呼び込みや、海外にいる中国人エリート科学者2000名の帰国を奨励しましたが、海外にいる中国人エリート科学者は「子どもに中国の教育を受けさせたくない」として帰国を拒否しました。高い報酬を出せば優秀な科学者を集められると政府が考えていることに、中国の拝金主義が如実に表れています。

なお、中国で模倣が常態化し、偽物が出回っているのは、中国の人々には「物を盗むのは悪い」という考え方はあっても、「他人が考えたものと同じ物を作ったり、作り方を真似たりしても、物を盗んだことにはならない」という考え方があるからと言われています。また、中国で山寨《シャンツァイ》（盗作品）文化が根付いているのは、人口の大半を占める低所得者層は価格の高い正規品を購入できず、そのため安い模倣品の需要が生まれるからで、山寨主義（模倣主義）を中国の文化や工業発展の過程として肯定する意見もあります。

他方、拝金主義的な経済重視によって高速鉄道の安全性が問題になっています。2007年12月に完工した北京と天津を結ぶ京津城際鉄路で試運転が開始されたのは2008年7月1日でした。試運転期間が開業の8月1日まで1か月しかないというのは高速鉄道としては異例で、中国鉄道部は「安全性には配慮しており問題はない」と強調していましたが、海外の専門家の間では「安全性を無視している」と指摘されていたように、拝金主義が蔓延している中国では「経済重視」「人命軽視」が常態化しています。これは、２０１１年7月23日夜に発生した高速列車の追突転落事故にも見られました。事故車両は24日夕までにすべて撤去され、25日の朝から異例の早さで運転が再開され、事故原因の究明が行われていない中での運転再開は安全性を無視した「人命軽視」と批判されていました。

なお、追突転落事故での救助作業を終え、事故車両の解体作業中に救出された2歳の少女を美談として報じるように政府はマスコミ各社に通達を出しました。これは、事故に対する鉄道省や政府に対する批判や非難を喜悦に変える、つまり「悪を善に変えて政府が生き延びる」というやり方で、支那（中国）では伝統的に行われています。悪を善にすり替えることが可能なのは、儒教の下で長期間にわたって奴隷状態に置かれていた支那（中国）の人々には奴性が染みついているからです。そのため、政府は目に見える物質的なモノを誇示することによって中国の発展と進歩を国民に見せつけ、同時に政治の腐敗や公務員の汚職などに対する国民の不満や不平を慶事（共産党の称賛）にすり替えています。

6 台湾

台湾の経済と交通

中国国民党と中国共産党の権力争いとしての国共内戦に破れて台湾島に逃れて来た中華民国（以下、台湾と略す）の国民党政府は、台湾島を「反攻大陸」（武力による大陸部の奪還）の基地とし、軍事最優先の政策を推し進め、経済政策を後回しにしたため、台湾の経済は低迷していました。しかし、1960年代のベトナム戦争で米軍が台湾から戦略物資を調達したことから、台湾の経済は飛躍的に発展し、これを受けて国民党政府はこれまでの食料の加工を中心とした軽工業から重工業への転換を図り、鉄鋼や造船、石油などの国営企業を主体とした重化学工業化を開発独裁体制の下で推進しました。

国民党が台湾に逃れてきた後も国民党と中国共産党の内戦状態が続き、1954年9月と1958年8月には中国人民解放軍が台湾の金門守備隊に対して砲撃するという武力紛争が起きました。また、台湾は1962年に中国が大躍進政策に失敗し、国力を疲弊させたと考え、これを大陸反攻の好機と捉えて大陸を攻撃し奪還する国光計画に着手し、アメリカの支持を取りつけようとしましたが、アメリカが全面戦争になることを懸念して反対したため計画は中断されました。その後、1965年に台湾海軍の艦船が中国人民解放軍に撃沈されたため国光計画の遂行は困難と判断され、計画の規模が縮小されました。

そして、1971年に国際連合が中国を「正統な中国政府」として承認したため台湾は国連を脱退し、国際的に孤立したこともあり、1972年に国光計画を中止し、1973年策定の大規模インフラ整備計画「十大建設」によって桃園国際空港の建設、西部幹線の電化、中山高速公路の建設などが行われました。この十大建設は、台湾総統の蒋介石（蒋中正《チアンチョンチェン》）が打ち立てた国是とも言える「反攻大陸」を実現させるための前段階、つまり来るべき反攻の時に備え、それに耐えうる経済力をつけるという大義名分によるものです。

他方、蒋経国《チアンチングォ》総統の死後、総統代行を経て総統に就任した李登輝《リーテンフェ》によって1991年から民主化政策が推進されました。しかし、2000年代に入ると製造業の中国への投資によって国内では空洞化が進行し、2001年のITバブル崩壊の影響によって2002年には初のマイナス成長を記録しました。そのため、2003年に陳水扁《チェンショイビエン》総統は「新十大建設」を発表しました。それは新たなインフラ整備と次世代産業の育成を目的としたもので、かつての十大建設のように「反攻大陸」を実現させるために経済力をつけるというものではなく、独立国家としての台湾を建国するために国力を増進しようとするものでした。

一方、1947年2月の国民党政府による台湾大虐殺（二・二八事件）以降、国民党政府は1949年から1987年まで戒厳令を敷き、言論の弾圧や知識人の投獄・暗殺（白色テロ）によって台湾の人々を支配していました。二・二八事件とは、日本の統治時代から台湾に居住していた本省人による市庁舎への抗議デモに対して、憲兵隊が市庁舎の屋上から機関銃によって非武装のデモ隊を無差別に掃射し、多くの市民が虐殺された事件を言います。そのため、台湾に逃れてきた国民党関係者などの在台中国人（外省人）と、以前から台湾に住んでいた台湾人（本省人）の間には、現在でも確執が残っていると言われています。また、人口では台湾人が約77％を占めていますが、人口の少ない在台中国人（約6％）が戒厳令下や開発独裁期の利権やその後の党営事業を通して台湾を政治経済的に支配しています。

鉄道と儒教と賄賂文化

台湾の鉄道には国営路線と公社路線があり、国営路線は交通部台湾鉄路管理局（以下、台湾国鉄と略す）によって運営されています。それは、大陸から逃れてきた国民党政府が台湾に政治経済的な基盤を持っていなかったため、日本の統治時代に形成された膨大な鉄道資産を管理下に置き、国営鉄道とすることによって国民党の高級幹部や多くの国民党支持者に仕事を与え、事業の利益を直接収奪するためです。つまり、国民党政府は国営鉄道によって独裁的な統治体制を強化し、同時に国営鉄道を大陸から逃れてきた百数十万人の国民党の支持者に対する利益分配の道具として使い、そのため中国から持ち込まれた汚職と賄賂の文化が国営鉄道を通して台湾で定着しました。

なお、汚職の多い台湾では２０１１年7月に立法委員（国会議員）を含む公務員の汚職の摘発を目的とした廉政署が台湾法務部に設置されました。廉政署は、政府機関、警察、検察官から抜擢された約200人で構成されています。この廉政署設置の一つの背景に、2010年7月に公金を着服した容疑で起訴され一審で実刑判決を受けた国民党の立法委員の何智輝が、高裁の裁判官を800万台湾ドル（約2200万円）で買収して控訴審で逆転無罪判決を出させたことが判明し、3人の裁判官が逮捕されるという事件がありました。

他方、李登輝総統の下で台湾の民主化が進められ、その一環として台湾国鉄の民営化が1998年に正式に決定され、2002年に公社化、2004年に会社化し、2007年に民営化を完成するという計画が立てられていましたが、組織の膨大さや長期債務問題、退職金問題などが山積しているために民営化は見送られてしまいました。組織の膨大さや長期債務問題、退職金問題などは、国民党政府が国営鉄道を国民党支持者に対する利益分配、つまり汚職と賄賂の道具として使っていたことによって生み出された問題です。

なお、国民党に賄賂文化が浸透していたのは、前近代中国の思想の主流をなしていた儒教に理論上の欠落があるからとされています。それは、統治思想としての儒教では「四維八徳」（四維＝礼・義・廉・恥、八徳＝仁・義・礼・智・忠・信・孝、悌）が唱えられていますが、「廉」については理論化されていないからと言われています。「廉」は要するに「清廉」（心が清らかで私欲がないこと）を意味し、素直に捉えれば汚職や賄賂などが不正な行為とされていますが、儒教では汚職や賄賂をいかに防ぐかという具体的な方法論は理論化されていません。ただし、儒教の政治思想では天子（有徳者）が万民を徳化するとされ、これが実現すれば「廉」の理論化は不要ですが、実際には天子の万民に対する徳化には限界があり、天子と自称する者が有徳者であるとは限りません。また、天子に忠誠を尽くす官吏（官僚）が従うのは「廉」の倫理ではなく「権」（権力）と「利」（利益）の論理で、「権」と「利」は強く結びつき「廉」の倫理が入り込む余地はないと言われています。さらに、そもそも儒教は性善説に立っていますが、人間の本性が善であるならば徳化は必要なく、ここに大きな矛盾が存在しているとされています。

對號列車と易姓革命思想

台湾国鉄が運行する列車は、對號列車（全車指定席）と非對號列車に分けられています。對號列車には自強《ズーチャン》号、莒光《ジューグァン》号、復興《フーシン》号があり、自強号は日本でいう特急、莒光号は急行、復興号は準急に相当し、これらは主に幹線で運行されています。非對號列車は、通勤電車として運用されている普通列車です。

自強号の主な運転区間は、台北《タイペイ》〜高雄《カオシユン》間（西部幹線）と台北〜台東《タイドン》間（東部幹線）などです。代表的な車両には1996年から運用が開始されたE1000形電気機関車があり、台湾の鉄道ファンからは「豬車」と呼ばれています。自強号の「自強」とは、1971年に中国が国際連合によって「正統な中国政府」として承認されたために台湾が国際連合を脱退した際のスローガン「莊敬

自強　處變不驚」（恭しく自らを強め、状況の変化に驚くことなかれ）に由来すると言われ、列車名に政治的な意味合いを持たせるという鉄道の政治宣伝工作が行われています。

他方、莒光号は自強号と同じように、主に台北～高雄間と台北～台東間などで昼間列車のほかに夜行列車としても運行され、機関車にはＥ３００形やＥ４００形電気機関車などが使用されています。莒光号という名称は、台湾総統の蒋介石の訓示である「毋忘在莒」「光復大陸」に由来すると言われています。毋忘在莒は、燕《エン》に攻められ莒《キョ》が滅亡の危機に際したとき逆転して勝利した故事にちなみ、「今我々が莒にいる事を忘れてはいけない」という戒めの意で、光復大陸は「大陸を奪還しよう」という意味です。国民党政府は、大陸の共産党政権を「共匪（共産匪賊）」と呼び、「共産ゲリラが国土の大半を乗っ取った」ため大陸を奪還するとしていました。

この光復大陸には儒教に根ざした支那の易姓革命思想が見られ、易姓革命とは支那の歴史の中で繰り返されてきた王朝交替のことを言います。王朝にはそれぞれ一家の姓があるため、王朝が変われば姓も易わり（易姓）、徳を失って天から見放された前王朝を廃することは天の命を革める行為（革命）とされ、新王朝を創始することが「易姓革命」と呼ばれています。この易姓革命では武力による王朝の打倒も正当化され、虐殺が繰り返されていたため、政治と虐殺が結びついた虐殺文化が生まれ定着していました。また、新王朝は自らの正当性を主張するために歴史（書）の書き換えを行い、このような歴史の改竄も易姓革命思想によるものです。なお、儒教では「親の仇を討ったら、その肉を食え。死んでいたら墓を暴け。肉が残っていたらそれを食え」「復讐は99代に渡り、敵の骨を砕いて飲め」などとされていたと言われ、その残虐性は大陸からやって来た国民党の台湾大虐殺や白色テロにも顕著に表れていました。

また、復興号も主に台北~高雄間や台北~台東間などで運行され、機関車には莒光号と同じようにE300形やE400形電気機関車などが使われています。復興号の「復興」という列車名は、1966年に蒋介石が毛沢東《マオツォートン》の文化大革命に反対し、中華文化復興運動を提案したことに由来するとされています。文化大革命とは、中国で1966年から1977年まで続いた権力闘争を言い、表向きの改革運動では「封建的文化、資本主義文化を批判し、新しく社会主義文化を創生しよう」というものとされています。しかし、実質的には、経済的に米英を追い越すことを目的に1958年から1960年まで行われた大躍進政策（農工業の大増産政策）の失敗（失政）によって政権中枢から失脚した毛沢東らが、復権を画策して引き起こした大規模な権力闘争（内部クーデター）とされ、この文化大革命で2000万人以上が殺害され、1億人が被害を受け、大躍進政策では4000万人以上が死亡したとされています。

また、文化大革命では紅衛兵が旧思想・旧文化・旧風俗・旧習慣の打破を叫び、毛沢東語録を手に劉少奇《リウシャオチー》や鄧小平《ダンシャオピン》に代表される実権派や反革命分子を攻撃したばかりか、支那最古の仏教寺院の白馬寺の一部や、博物館の文化財、古い歴史をもつ陶磁器なども旧文化として破壊し、同時に多くの人々に暴行を加え死傷させました。

都市高速鉄道と中国式汚職

捷運《しょううん》とは、台湾の主要都市部とその周辺都市で形成された高速鉄道網の地下鉄と軌条式中小量輸送システムを言い、現在、台北地区では台北捷運、高雄地区では高雄捷運が運営されています。このほかにも台中《タイジョン》捷運や台南《タイナン》捷運、桃園《タオユエン》捷運、新竹《シンジュー》捷運の建設が計画されています。台北捷運は、台北市内や周辺地区での慢性的な交通渋滞を緩和するために建設され、正式名称は台北都会区大衆捷運系統と言い、台北大衆捷運公司によって運営されています。

台北捷運の特徴の一つに非常に安価で明快な運賃設定があります。また2007年にはIC乗車券の使用が開始され、自動券売機と非接触型ICカード専用自動改札機が導入されました。このIC化で注目されるのは、乗車券が紙ではなくプラスチック製の丸いコイン型のものが使用されていることです。入場（乗車）時にはカードを利用する場合と同じように自動改札機にかざし、退場（下車）時には出口の自動改札機の返却口に投入するというものです。また、、2010年に電子マネー化された悠遊卡（ICカード）を使用すれば、運賃の割引が行われます。

なお、台北捷運の建設工事は1988年12月に始まり、最初の路線として1996年3月に文《ウェン》山《シャン》線（開業当初の路線名は木柵線）が全線開通しました。木柵線では仏マトラ社のVALシステムが導入され、それは高架構造の軌道敷をコンピュータ制御により無人運行する軌条式中小量輸送システム（AGT）です。当初は台北捷運のすべての路線がAGTで建設される予定でしたが、システムの見直しによって木柵線と直通運転が予定されていた内湖《ネイフー》線以外はすべて普通鉄道の地下鉄（地下線と地上線）に変更されました。システムの見直しが行われたのは、VALシステムの技術的問題によって開業が遅れたことや、既存の鉄道との互換性がなく直通運転が困難なこと、さらには輸送力不足が顕在化したことなどが関係していたと言われています。

このようなことは計画段階で分かっていたことで、同じようなことが中国の磁気浮上式鉄道導入時にも見られました。一見すれば計画が稚拙と思われますが、在台中国人（外省人）はそこに賄賂文化を忍び込ませて私腹を肥やそうとしていました。また、AGTで実績のある日本の新交通システムを採用しなかったのは在台中国人の反日と、日本が贈賄を拒否したことに関係していると言われています。

台北捷運では文山線や一部の駅を除いて自転車の駅構内と車内への持ち込みが可能です。一方で駅構内や車内での飲食は法令によって禁じられ、違反者には罰金が科せられ、そのため各駅の改札内には売店や自動販売機はありません。携帯電話は、地下トンネルを走行中でも通話可能なことから車内でも使用され、そのため「通話は小声で行って下さい」との案内が行われています。これは、中国の人々に一般的に見られる中華思想に根ざした自己中心主義と、民主化された台湾で育まれた現実主義的な個人主義が融合したような自己中心的な個人主義の台頭、つまり人々の社会道徳心の低下を意味しています。そのため、台湾教育部は2009年から青少年の道徳心を養う台湾有品運動を推進し、それは道徳などの分野で人間的な素質の向上を目指すというものです。

高速鉄道と人命軽視

2007年1月に開業した台湾高速鉄道は、車両が日本製、分岐器（信号）がドイツ製、列車無線がフランス製、レールやトンネル、橋梁が欧州規格で建設されたため、欧州仕様の土台の上に日本の新幹線車両が載っているという「日欧技術の寄せ集め」と言われています。また、日本の新幹線車両が使われているにもかかわらず、開業時には運転士や指令員全員がドイツ人とフランス人、車掌は台湾人で、台湾人運転士の養成（運転技術指導）は日本の新幹線車両の運転経験のないドイツ人とフランス人の運転士が行うという異様な状態にありました。

それは、BOT方式での台湾高速鉄道の建設権を落札した台湾高速鐵路（以下、台湾高鐵と略す）が独仏連合と欧州システムの採用契約を結んでいたため、日本連合が車両を逆転受注したにもかかわらず独仏連合の仕様書（基本設計や安全基準）を白紙撤回しなかったからです。台湾高鐵が仕様書を白紙撤回せず、ドイツ人とフランス人を運転士や指令員、運転技術指導者から外さなかったのは、独仏連合との欧州システム採用契約時に独仏連合から多額の賄賂を受け取っていたからです。つまり、台湾高鐵は賄賂によって私腹を肥やすために安全性を無視した高速鉄道の建設を進め、そのような安全性無視・人命軽視は在台中国人には当たり前のことで、在台中国人は台湾に逃れてきた後には大陸時代からの残虐な手段による恐怖政治を行い、台湾大虐殺や白色テロによって台湾の人々を暴力的に支配していたことから自明です。

なお、中国では「賄賂は文化であり、習慣であり、礼儀でさえあった」と言われ、一方、台湾の人々は日本の統治によって「賄賂は習慣ではなく罪悪だ」と考えるようになっていました。しかし、国民党が立法院と総統、行政の権力を手中に収め、司法とも手を組んだため、賄賂が公然のものとなり、台湾の人々は政治経済を支配する在台中国人の賄賂の文化と習慣を黙認せざるを得なくなりました。そのため、台湾の人々は「国民党の賄賂は仕方がないが、台湾人の賄賂は許せない」と思うようになり、それは「法治社会の実現には人々の間に遵法精神があることが必須条件となるが、台湾人はそれを日本統治時代に身につけ、戦後の人治社会の価値観に完全には染まっていなかった」（李登輝元総統）からです。これは、賄賂をめぐる中国文化と台湾文化の確執を表しています。

他方、高速鉄道の路盤建設工事の国際入札を落札した韓国企業による手抜き工事が発覚したこともあり、高速鉄道の安全性に対する不安から利用者数は低迷し、連結決算で初めて黒字を達成したのは２０１１年上半期です。利用者の伸び悩みは安全性に対する不安のほかに、運賃の高さ、車両の洗車機が日本製でないため綺麗に洗車できず車両の汚れが目立っていたこと、高速鉄道の駅が市街地や台湾国鉄の駅から離れているため利用し難いこと、ドイツ製の分岐器に故障が多いこと、フランス製の自動改札機にトラブルが多いことなどによるものと言われています。これらは、いずれも台湾高鐵の賄賂問題に関係しているとされています。

豪華バスと負けず嫌い文化

台湾では県市間を連絡する中距離バスは公路客運または長途客運、長距離バスは国道客運と呼ばれ、そのほとんどが高速道路を走行しています。各都市を結ぶ中・長距離バスは非常に多く、一部の路線では24時間運行され、台北駅の近くにある国道客運台北總站（台北バスターミナル）では1日に2000本以上のバスが発着しています。

中・長距離バスを運行する代表的なバス会社には、統聯客運や國光汽車客運、和欣客運などがあります。統聯客運は700台以上のバスを保有する大手で、3列座席を標準とし、台北～高雄間や台中～高雄間、台中～台湾桃園国際空港間などで中・長距離バスを運行しています。國光汽車客運は、開業した高速鉄道に対抗するため台北～高雄間に新型車を投入し、台北～台湾桃園国際空港間では國光号を運行するなど、多くの路線で中・長距離バスを運行しています。

また、片側1列で航空機のファーストクラス並みの超豪華座席（総統座椅）を装備したバスがあります。たとえば、阿羅哈客運が台北～高雄間などで運行する豪華2列座席車の座席にはマッサージ機能や地上波デジタル放送の受信が可能なテレビがあり、台湾で唯一客室乗務員が乗務しています。和欣客運は、台北~台南間や嘉義《ジャーイー》~高雄間などの路線で台湾史上最強のバスと呼ばれている14人乗りの豪華2列座席車「白金臥艙」（プラチナシート）を運行しています。座席は航空機のファーストクラスで採用されているシェルフラットシートで、最新式の液晶テレビがあり、車内での無線インターネットも可能です。なお、世界一と評価されるこのような豪華なバスが登場した背景には、24時間絶え間なく運行している同業他社が多く、さらに高速鉄道の開業によって競争が一段と激しくなったことがあげられ、過当競争気味の長距離バスに台湾の人々の負けず嫌いという気質あるいは国民性が見られます。

なお、在台中国人の負けず嫌いは、台湾が国際連合を脱退する直前の1971年6月に蔣介石が国家安全会議で発表した「わが国の立場と国民の精神」と題する訓示に見られます。それは「大陸光復はわれわれが奮闘堅持する第一目標である」「我々は反共の信念を保持し、また反共の勇気を堅持し、自由と正義への奮闘を続けなければならない。国家の運命は我々自身の手中にあり、世界の安危もまた我々の手中に握られている」と訴えていました。つまり、大陸光復というスローガンに在台中国人の負けず嫌いが表れています。

他方、台湾人の負けず嫌いは1987年まで続いた戒厳令の下での白色テロによって台湾を恐怖政治で支配した在台中国人の国民党に対する抵抗意識によるものとされています。そして、人口では台湾人が多数派ですが、在台中国人（国民党）の総統候補が当選するのは、民進党の総統候補が反国民党・反在台中国人という負けず嫌いによって台湾独立を主張しているからで、それは台湾の人々の早急な独立よりも現在の生活を維持したいという現実主義的で自己中心的な個人主義による選択とされています。

タクシーと自己中文化

近代中国とは一般に、革命家の孫文（孫中山《スンジョンシャン》）を臨時大総統として中国大陸で1912年1月に成立した中華民国を言い、その思想には孫文の三民主義（民族主義、民権主義、民生主義）があるとされています。しかし、在台中国人（外省人）には三民主義思想はなく、あるのは独裁者・蒋介石によって創り上げられた恐怖政治思想です。他方、台湾人の政治思想は一般に日本の統治時代を知る台湾人（本省人）によって台湾語で語られる「日本精神」を背景とした思想とされ、「日本精神」は日清講和条約により台湾の割譲を受けて台湾にやってきた日本人が持っていた「清潔」「公正」「勤勉」「信頼」「責任感」「正直」「規律遵守」「滅私奉公」などの価値観を総称するものと言われています。なお、「日本精神」という語は大陸からやって来た在台中国人（国民党）の恐怖政治思想との対比において生まれたものとされています。

台湾の人々（本省人）は、国民党による戒厳令下の軍事的開発独裁体制（権威主義体制）から解放され、民主主義体制を享受することによって、「吃《チー》喝《ホ》玩樂《ワンロー》」（食べて＝吃、飲んで＝喝、遊んで＝玩、楽しむ＝樂）が大好きな国民性を取り戻したと言われています。そして、その中で台湾の人々は現実主義的で自己中心的な個人主義者となり、彼らの現実主義は「台湾は中国の主権に属するものでなく中華民国という国家であり、早急な独立も統一も望まず、実質的に分離している現状の維持を望んでいる」ことに表れています。

このような現実主義的で自己中心的な個人主義は、台湾のタクシーに見られます。タクシーの色は米ニューヨークのイエローキャブと同じように黄色で統一され、使われている車両には日本で自家用車として使用されている小型車が多く見られますが、ベンツやＢＭＷを使ったタクシーもあります。タクシーは経営形態的には個人タクシー、会社タクシー、組合タクシーに分けられます。とりわけ台北などの都市部のタクシー台数は非常に多く、それは個人タクシーの開業が非常に簡単で、仕事のない人の中にはタクシー運転手を始める人が多いからと言われています。

なお、タクシー運転手に対する２０００年のアンケート調査結果によれば、現行のタクシー管理制度の改善策として「厳格なタクシー事業登記管理制度の確立」が一番にあげられ、次いで「検問を強化し、違法営業の取締りを厳しくする」があげられていました。このことは、違法営業のタクシーが当時の台湾で横行していたことを表し、それはＩＴ不況に伴う輸出や固定資本形成（設備投資や公共投資）の激減を受けて２００１年にはマイナス成長となり、サービス業などでリストラされた人々が起業の容易な屋台（小売業）や個人タクシーを始めたからと言われています。

また、台湾で「道を歩けば社長にぶつかる」と言われるのは、「仕事がなければ自分で始める」という人が多いからです。それは台湾の人々の「冒険心に富み、失敗を恐れない」「勝負事が大好き」「独立心が強い」という気質、つまり現実的で自己中心的な個人主義を表しており、有能な人ほど起業し、それが台湾の経済に活力と柔軟性を与えていると言われています。勝負事が好きなのは台湾の人々に限ったことではなく、中国（支那）の人々は一般に勝負事が好きで、それは儒教の影響による労働観つまり不労所得を尊ぶ風潮があるからと言われています。

スクーターと交通文化

台湾製のスクーターは世界の多くの国々に輸出され、とくにスクーター需要の大きな欧州では高い評価を受け、台湾の二輪車メーカーはイタリアやフランスでは日本のホンダやヤマハを抜き販売実績ナンバーワンの座にあると言われています。

台湾の二輪車メーカーには光陽機車（ＫＹＭＣＯ）、三陽機車（ＳＹＭ）、山葉（ＹＡＭＡＨＡ）などがあり、この３社で国内市場の90～95％を占めています。光陽機車は、本田技研工業との合弁会社として高い技術力を培い、１９９５年の合弁解消後にはＫＹＭＣＯブランドを立ち上げ、ＫＹＭＣＯブランドの二輪車を多くの国々に輸出し、ヨーロピアンデザインの採用によって欧州では高い評価を受けています。また、三陽機車は本田技研工業との技術提携後の1982年には二輪車の海外輸出を開始し、2000年にはベトナムに合弁会社、中国に2つの工場を建設しました。そして、2002年の技術提携解消後にはSYMブランドで多くの二輪車を世界各国に輸出しています。

なお、台湾ではアメリカや日本で注文を取り、中国やベトナムに製造させるという仲介的戦略が採られ、それは華僑ネットワークに支えられたもので、華僑ネットワークという全世界ネットを駆使した世界戦略は台湾経済の強みと言われています。華僑とは、台湾では中華民国（台湾）の国籍を保持したまま長期にわたって海外に居住する人やその子孫を言います。

台湾のスクーターにはちょっと変わった形のものがあり、その一つがワイパー付スクーターです。日本では1990年に本田技研工業が「雨天走行にも便利なルーフ一体式大型防風を装備したファッショナブルな三輪ビジネスバイク（原付）」としてジャイロ・キャノピーを発売し、これにはワイパーがついていました。現在は生産されていませんが、ピザなどの宅配で使われ、現在も人気のある三輪バイクです。台湾のワイパー付スクーターは、普通のスクーターの前面に防風ガラスを取りつけ、そこにワイパーをつけるというもので、ジャイロ・キャノピーのような特殊なスクーターではありません。

もう一つは四輪スクーターです。それは後部車輪の左右に車輪を一つずつ取りつけたもので、補助輪付スクーターと呼んだ方が適切な形をしています。この四輪スクーターは、足に障害のある人々のために開発・製造された福祉スクーターで、補助輪によって車体が安定しているため停車時に足で車体を支える必要がありません。

ワイパー付スクーターや福祉スクーターの存在は、台湾のスクーター製造技術の高さと、台湾の人々によってスクーターが広く支持されていることを物語っています。とくに、福祉スクーターに見られるように、障害のある人々を交通から排除せず、ライダーとして受け入れるという政策は高く評価され、それは同時に台湾の交通文化的な水準の高さを表しています。当然のことですが、駐輪場には福祉スクーターのための駐輪スペースが確保されています。このような台湾のスクーターは一つの文化を形成し、それがスクーター文化と呼ばれています。

スクーター文化の光と陰

台湾は「スクーター王国だ」と言われています。事実、世界で最も二輪車が普及しているのが台湾で、人口の1・6人に1台という驚異的な普及率を示し、幼児・子供と高齢者を除けば、まさに台湾ではほぼ1人が1台の二輪車を保有していることになります。二輪車は2002年以降に90〜125ccのスクーターを中心に急増し、それは台湾では趣味性よりも実用性が重視され、小排気量のパーソナルなスクーターの手軽さと便利さが現実主義的で個人主義的な台湾の人々の生活にぴったりマッチしているからと言われています。そのため、スクーターは人々の日常的な足として、また郵便配達や新聞配達、宅配便、バイク便、デリバリーで使われ、交通警察官も使用しています。

なお、スクーターとはバイクの一種で、前後輪の間に低くえぐられたスペースを設け、足を揃えて置ける床板を備え、シートの下にエンジンやモーターを抱える自動二輪車あるいは原動機付自転車を言い、その大きな特徴としてのステップスルーが女性に支持されています。

台湾ではスクーターは老若男女によって使用され、スクーターの2人乗りもよく見かけます。法律では禁止されていますが、たまに家族全員が乗っているかのような3人乗りや4人乗りのスクーターも見かけます。また、若い人たちは雨天時にはロングレインコートやジャンパーを後ろ前に着てスクーターに乗っています。こうすれば、レインコートやジャンパーの袷の部分から風や雨が吹き込むことがなく、これもスクーター文化の一つと言えます。

スクーターが多くの人々によって使用されているのは、スクーターが手軽で便利で機動性の高い経済的な乗り物で、技術水準の高いスクーターが国内で生産されていることも関係していますが、なによりも行政当局がスクーターの存在価値を見直し、スクーターが道路を有効活用できる施策として二輪車と四輪車の分離、二輪車駐輪スペースの整備を積極的に推進したことが大きく影響しています。

二輪車と四輪車の分離は、二輪車専用レーンと、交差点手前での二輪車停車ゾーンの設置、二段階左折方式の法制化にみられ、とくに注目されるのが二輪車停車ゾーンの設置です。二輪車停車ゾーンとは、二輪車が四輪車の前方に出て信号待ちをするゾーンのことを言い、二輪車を先に発進させることで四輪車との分離を図ろうとするもので、二輪車停車ゾーンの設置によって交差点での二輪車の事故が4割減少したと報告されています。

二段階左折は、日本の原動機付自転車の二段階右折とほぼ同じで、二段階目に二輪車が信号待ちをするための二段階左折ゾーンが二輪車停車ゾーンの前方に設置されています。この設置によって交差点内での左折二輪車と直進車の衝突事故が減少したと言われています。

なお、これらの施策には、台湾の人々が交通法規を守らないために発生していた交通渋滞の解消や交通事故の防止という目的もありました。

自転車文化と環境意識

1985年に「ドル安円高政策」が合意されたプラザ合意までは、日本は自転車の生産において大きなシェアを占めていましたが、プラザ合意後の円高によって日本からの自転車（完成車）の輸出は大幅に減少しました。日本に代わって自転車輸出大国となったのが台湾です。現在、世界最大の自転車メーカーであるジャイアント（捷安特）など台湾自転車業界の主要企業は1970年代後半から欧米メーカーのOEM／ODMを引き受け、現在に繋がる設計・生産の基礎を築いてきました。また、蓄積された技術によって台湾の自転車メーカーは自社ブランドの生産と販売に乗り出しました。なお、ＯＥＭとは相手先のブランド名で製造することを言い、ＯＤＭとは相手先のブランド名で設計から製造までを手がけることを言います。

１９７２年に設立されたジャイアント（捷安特）は、１９８０年には台湾第１位の自転車メーカーとなり、１９８６年にはヨーロッパ、１９８７年にはアメリカに進出、１９８９年には日本法人を設立し、現在では世界の多くの国々に進出しています。マウンテンバイクやクロスバイク（ロードバイクとマウンテンバイクの中間に位置し、両方の利点を取り入れたもの）、折り畳み自転車など、生産された自転車の約９割が輸出され、また松下電器やフォード、ルノーと共同で電動アシスト自転車の開発にも携わっていました。ジャイアントは、アルミフレームやカーボンフレームの製造では世界屈指の技術力をもち、高度に機械化された生産ラインからは同社の最大の特徴である低価格高品質の自転車が生み出されています。ジャイアントに見られるような台湾の自転車メーカーの発展は、二輪車メーカーの発展に途を切り開く一つのビジネスモデルとなりました。

なお、各国の自転車メーカーは、レース指向の本格的な自転車は自国で生産し、初心者・中級者向けの自転車は台湾で生産して輸入し、値段が勝負の低価格帯の自転車は中国やベトナムで生産して輸入しています。

環境に対する意識の高い台湾では４０００㎞を超えるサイクリングロードが整備されています。

台湾は「海外自転車旅行の登竜門」と言われているほど自転車旅行に最適なところで、台北捷運MRT（地下鉄）には自転車をそのまま持ち込むことができます。また、台東県の關山親水公園にある全長12㎞の關山環鎮サイクリングロードは台湾初の自転車専用道路として整備され、現地には子供用自転車から本格的なギヤ付車まで多くの種類の自転車を準備した貸自転車店や自転車休憩所があります。

都市中心部では、サイクリングロードではなく自転車専用道あるいは自転車専用レーンが整備されています。たとえば、台北捷運MRT（地下鉄）板南線の西門駅近くの中華路の両側には幅15～18mの歩道と自転車専用道があり、また「微笑単車」と呼ばれる乗り捨て可能なレンタサイクルや自転車置き場（駐輪場）が街中の歩道上に整備されていています。なお、台湾では自転車の使用環境を整備し、市民にとって自転車が生活上の移動手段やレジャーの選択肢となり、それによって人を中心とした都市の交通環境を整備するために、その初期段階として現在ではレジャー用自転車の利用環境整備に重点を置いた政策が進められています。

7 香港

香港の経済と交通

香港は中華人民共和国（以下、中国と略す）の特別行政区の一つで、地理的には香港島だけでなく九龍《クーロン》半島と新界（ニューテリトリーズ）、大嶼山（ランタオ島）などを含む地域を言います。香港島は、アヘン戦争を終結させるための1842年の南京条約により清国よりイギリスに永久割譲され、1860年の北京条約によってビクトリア湾を挟む香港島対岸の九龍半島南部の市街地が永久割譲地に追加されました。そして、1898年の展拓香港界址專條によりイギリスは深圳河以南から九龍半島を東西に横切る界限街以北の九龍半島、235の島を99年間の期限付きで租借しました。なお、租借とはある国が特別の合意の上で他国の領土の一部を期間限定で借りることを言います。

香港はイギリス領として発展してきましたが、香港の人々の意向を無視して1984年にサッチャー英首相は鄧小平中国共産党中央委員との会談で租借地と割譲地を中国に返還することに合意し、1997年7月1日午前0時にイギリスから中国に租借地と割譲地が返還されました。

香港の人口は2012年現在約715万人、面積は1104㎢（東京23区の約2倍）ですが、香港の大部分は居住が困難な山岳地域で、香港島にはビクトリアピークとして知られる標高554mの址旗山、起伏の大きい九龍半島中部には標高957mの大帽山、大嶼山には標高934mの鳳凰山があります。そのため、香港島北部のわずかな居住地域と九龍半島南部に人口が集中し、それが超高層オフィスビルやマンションなどが林立する独特の風景を作り出すと同時に、香港を世界的にも人口密度の高い都市にしています。なお、人口が集中している香港島北部や九龍半島南部では自家用車の駐車場を確保することが難しく、そのため香港では公共交通機関が発達し、「世界でも類まれな乗り物王国」と言われるように多種多様な乗り物が発達しています。

他方、中国が建国された1949年以降には大陸から多くの移民が香港に押し寄せ、その安い労働力を使った繊維産業やプラスチック加工などを中心とする製造業が発展しました。イギリス植民地政府が1970年代に新界地区の住宅地開発や地下鉄建設などのインフラを整備したことによって香港経済は急速な発展を遂げましたが、中国からの移民の流入によって貧富の差や貧困層の拡大が大きな問題になっています。また、賃金の上昇や工業用地の不足などの問題に直面した製造業は、1980年代には中国の改革開放を受けて広東省の深圳市や東莞市など珠江デルタに移転しました。その結果、香港は中国を背後地とする国際金融センター、国際物流センター（コンテナ港）へと変貌しました。一方、香港にはイギリス統治時代に整備された民法と税制上の優遇措置があり、教育水準が高く、英語人口が豊富なことから、多くの欧米企業は日本を含む東アジア全域またはアジア全域を管轄する地域統括本部を香港に置いています。

2階建てトラムと向空中文化

香港を代表する乗り物が2階建てトラム（路面電車）です。それは「古《いにしえ》の香港を味わえる非常に楽しい乗り物」と言われ、同時にそれは香港の乗り物における向空中文化を表しています。向空中とは上へ上へと伸びていくことを言い、土地が狭い香港の乗り物には向空中が特徴的に見られ、また山が多く平地の少ない香港では山に向かって乗り物の路線が伸び、このことから香港の乗り物文化は向空中文化と呼ばれています。

トラムの開業は1904年7月で、110年以上の歴史があり、香港電車有限公司によって運営されています。開業当初の車両は1階建てで、1912年に2階建ての車両が登場し、全車両が2階建てというのは世界で唯一と言われています。そして、1930年に車体広告が始められたと言われ、現在では車体広告は2階建ての公共バスにも見られます。路線には香港島北部を東西に走る本線のほか、競馬場のある跑馬地（ハッピーバレイ）を回る跑馬地支線と、北角（ノースポイント）にある春秧《チュンイエン》街の街市（市場）の中を通り抜ける北角支線があります。北角支線では2階建てトラムが街市の軒先を通り過ぎていく様子が香港を象徴する風景の一つに数えられています。路線の終端部はループ線になっているため、原則として片側の運転台のみが使用されています。乗降扉は両側にありますが、使用されているのは進行方向左側の片側のみで、反対側は予備とされています。

営業用車両には5種類があります。最も古い車両は戦後型電車で、1949年から運行され、木製の窓枠、藤の椅子、車内灯は白熱電球で、1両だけ（120号車）が残っていて、新型車よりも「香港らしいトラム」と言われています。標準的な車両が翻新電車で、1980～1990年代に戦後型電車の更新車両として導入されました。この翻新電車の後継車両の千禧新電車（ミレニアム型）は2000年以降に製造されたアルミ車体の新型車で、その改良型もあります。また、貸切専用の28号車と128号車は2階の屋根の一部がないセミオープントップ型です。

新しい車両が導入されていますが、外観的には最初の2階建て車両のデザインが承継されています。また、超高層オフィスビルが林立し、国際金融センターの役割を担っている香港島北部では効率性が重視されていますが、その中にあって2階建てトラムの走行速度は遅く、バスやタクシーなどにどんどん追い抜かれていきます。

2階建てトラムの運賃は2・3香港ドル（均一）と安く、そのため「歩くよりは速いから」と言って数駅乗ったらすぐ降りるという使い方がされていますが、地下鉄港島線と競合状態にあり、地下鉄港島線の延伸によって2階建てトラムの廃止も噂されています。2階建てトラムが廃止されれば、「古き良きイギリス文化」が一つ消えてなくなることになります。

なお、イギリス文化は礼儀作法（マナー）を重んじることに見られ、代表的な礼儀作法に騎士階級の人々の道徳規範であった騎士道を起源とするレディファーストがあるとされています。また、立憲君主制のイギリスの憲法を構成する慣習法（憲法的習律）の一つに「国王は君臨すれども統治せず」とあり、国王の存在は極めて儀礼的で、歴史的にも人の支配を排した法の支配が発達し、伝統の中に築かれた民主主義もイギリス文化を表していると言われています。

ピークトラムとイギリス階級社会

ピークトラムは、最初の公共交通機関として1888年5月に開業したケーブルカーで、山頂纜車有限公司によって運営されています。ケーブルカーとは、車両をケーブルで引っ張る構造のものを言い、そのため車両には動力機はありません。麓の花園道總站と山頂總站間の距離は1365m、軌間は広軌の1524㎜、標高差は363m、最大勾配は27度、最小勾配は4度で、途中に堅尼地道駅、麥當勞道駅、梅道駅、白加道駅の4駅があります。2両固定編成で、コンピュータによって運転制御され、花園道總站と山頂總站間を8分で結び、山頂總站のすぐそばに100万ドルの夜景を満喫できる展望台があります。そして、ピークトラムは「ビクトリアピークに上る」つまり「空中に向かう」乗り物で、香港の乗り物における向空中文化の原点となった、香港を象徴する代表的な乗り物です。

なお、一般にケーブルカーは勾配区間を走行するために日本では車両は平行四辺形状で、車内は階段状になっていますが、ピークトラムの車両は長方形状で床面も平坦で、普通の鉄道車両と同じです。しかし、座席はすべて山頂方向を向き、そのため「上るときは飛行機が上昇するように、下りるときは逆走するジェットコースターのようにスリル満点」と言われています。また、車両が急勾配にさしかかると、錯視によって窓の外に見える高層ビルが傾いているように見えます。

ピークトラムが建設されたのは、以下のような事情があると言われています。1842年の南京条約によって香港島がイギリスに永久割譲され、1860年には北京条約によって九龍半島南部の市街地も永久割譲されたことから、以来多くの欧米人が香港にやって来ました。しかし、香港の蒸し暑さに耐えかねた欧米人は住居をビクトリアピークに構えるようになりました。ビクトリアピークは快適な居住地ですが、住まいと仕事場の往復には山道を上り下りしなければならず、そのため麓からビクトリアピークへは竹で編まれた「セダンチェア」と呼ばれる、日本でいう駕籠あるいは輿のような乗り物が利用されていました。しかし、乗り心地が悪く、そのためピークトラムが建設されました。

開業当初のピークトラムは、ミッドレベルやピークに住む欧米人専用で、欧米人と住み込みで働く支那人以外はミッドレベルより上に行くことが禁じられていました。その理由は支那人が不衛生であると考えられていたからで、ここにイギリスの階級社会制度と人種差別意識が見られます。なお、階級社会とは社会の成員が2つ以上の階級に分かれ、その間に支配と服従、または対立の関係が存在する社会を言います。支配する階級が一般に上流階級と呼ばれ、イギリスでは現在でも依然として上流階級としての貴族とジェントルマン階級があります。

また、欧米では「優等人種である白人が劣等人種である非白人に文明を与えるのは義務である」と欧米人（白人）の優位性が主張され、非白人は知能が劣り、野蛮で不衛生とされていました。

なお、現在の欧米人は香港島や九龍半島の喧騒から離れていたいと考え、香港島の中環からフェリーで20～30分の位置にあるラマ島に住居を構えており、現在の香港社会も欧米人を中心とした上流階級としての富裕層と、中国人（香港人）を中心とした貧困層から構成されるイギリス階級社会そのものと言えます。また、現在の中国人（香港人）の多くは肌の黒いアジア人を見下し、同じ中国人でも大陸出身者を激しく差別します。それは、イギリス仕込みの文化が根づいている中国人（香港人）にとって大陸からの移民や不法越境者が非文化的であるからで、移民や不法越境者の存在が耐え難いものになっていると言われています。

ヒルサイド・エスカレータと住民差別

香港島のビジネス街の中環から高級マンションが建ち並ぶビクトリアピークのミッドレベルへの交通手段としてヒルサイド・エスカレータがあります。これは、20基のエスカレータと3基の斜行型動く歩道からなる全長８００ｍの世界一長いエスカレータと言われています。１９９３年に運転が開始され、高低差１３５ｍの中環とミッドレベルを約20分で結んでいます。ヒルサイド・エスカレータはイギリス植民地政府運輸局によって建設・管理され、法的には交通機関として位置づけられていました。1994年に公開された香港映画『恋する惑星』のロケが行われたため、ヒルサイド・エスカレータは観光スポットとして人気があり、中環の名物になっています。

ヒルサイド・エスカレータは片側1基のため一方通行となり、6時～10時が下り用、10時20分～24時が上り用として運転されています。この運転時間から明らかなように、これはミッドレベルの高級マンションに住む住民の通勤や買物の利便を図るために建設されたものです。そのため、建設当初には不評だったと言われています。この点で、開業当初のピークトラムがミッドレベルやピークに住む欧米人専用であったことと似ていて、ヒルサイド・エスカレータの建設当時の香港ではイギリスの階級社会制度が健在だったことを物語っています。そして、ビクトリアピークに上るという意味で、このヒルサイド・エスカレータにも向空中文化が見られます。

なお、ヒルサイド・エスカレータは20基のエスカレータと3基の斜行型動く歩道を合わせて全長800mで、単純平均では1基あたり約35mになります。「全部合わせて800mなのに世界一長いエスカレータというのはおかしい」「世界一と自慢したがるのはいかにも中国人らしい」と言われています。中国で物質文明的な世界一が異常なまでに好まれるのは、中国には誇るべき伝統的な文化がないからです。

他方、大嶼山には2006年9月に開通した「昂坪《ゴンピン》360スカイレール」と呼ばれる自動循環式のロープウェイがあり、全長は5・7㎞でアジア最長と言われ、地下鉄東涌線東涌駅と高さ34mの世界最大の野外大仏「天壇大仏」のある昂坪（標高460m）間を約25分で結んでいます。名称に昂坪360とあるのは、海を渡り大嶼山の美しい景観を360度楽しむことができるからで、そのため「昂坪360は交通機関&アトラクション」と言われています。

また、名称に「スカイレール」とあるのは、当時の地下鐵路公司がBOT方式で建設し、運行をオーストラリアのスカイレールITM社が担当していたからです。同社は、2007年6月のゴンドラ落下事故のために運行契約を解除され、現在は香港鐵路有限公司の子会社「昂坪360有限公司」が運営を担当しています。

この昂坪360スカイレールと天壇大仏は、香港の中国への返還後に海外からの観光客が激減したため、香港政府が観光客を誘致するために観光資源として建設（1993年完成）したもので、2005年に開園したディズニーランドの誘致もそうです。

イギリス文化と2階建てバス

香港の代表的な乗り物に、2階建てトラムとともに2階建てバスがあります。日本では2階建てバスは主に高速バスや観光バスとして使われ、市内を走る路線バスには使われていませんが、香港ではイギリスと同じように公共バス（路線バス）に2階建てバスが使われています。ただし、すべての公共バスが2階建てバスというわけではありません。

2階建ての公共バスが多いのは、香港がイギリスの統治下にあったからで、イギリスとくにロンドンと言えば、1956年から運行されていた赤い2階建てバス「ルートマスター」が有名です。イギリスで2階建てバスが運行されるようになったのは、馬車から自動車（バス）への切り替えの際に当時の2階建て乗合馬車の構造がそのまま引き継がれたからと言われています。なお、2階建て馬車が運行されるようになったのは、小さな馬車で一度に多くの人を輸送するためです。

そして、香港で本家イギリス以上に2階建てバスが運行されるようになったのは、土地が狭く人が多いという香港には2階建てバスが最適であったばかりか、イギリスの乗り物文化を受け継いだ2階建てバスが香港名物となったからで、2階建てバスも香港の乗り物の向空中文化を象徴しています。

現在、香港で公共バスを運行している大手のバス会社には九龍バス、シティバス、新世界第一バスの3社があります。九龍バスは1933年に設立された香港を代表する老舗のバス会社で、九龍と新界で約400の路線を有し、4000台以上のバスを運行し、一つの都市で営業するバス会社としては世界最大規模を誇っています。シティバスは、香港島内の路線の約半分と大嶼山にある香港国際空港と市街地を結ぶエアポートバスなどを運行し、とくにエアポートバスでは独壇場にあると言われています。新世界第一バスは、香港島内の路線を中心に公共バスを運行していますが、近年は九龍地区に進出しています。

大手バス会社のほかに、龍運バス、香港鐵路バス、新大嶼山バス、愉景灣バス、珀麗灣客運があります。大手バス会社はほとんどの路線で2階建てバスを運行していますが、新大嶼山バスと愉景灣バス、珀麗灣客運は1階建てバスを運行し、それは2階建てバスを運行するほどの需要がないからです。また、同じ路線の同じ区間に乗車しても2階建てバスの運賃は1階建てバスの運賃よりも安く、非冷房車は冷房車よりも運賃が安く設定されています。

ミニバスと中国風文化

大手バス会社が運行する2階建ての公共バスとともに、香港島や九龍、新界地区の低所得層の住民の日常的な足となっているのがミニバス（公共小型巴士）です。これは日本製のマイクロバスを使用し、公共バスが走っていない路線や地域で運行されています。

このミニバスには、黄色もしくはアイボリー色の車体に屋根の色が緑の「緑のミニバス」と、屋根の色が赤い「赤のミニバス」があり、定員は16名で、満席の場合には乗車することができず、乗客はシートベルトを着用しなければなりません。また、ミニバスでは停留所以外での乗降が可能な自由乗降制が採用され、これがミニバスの特徴ですが、市街地には停車禁止道路が多く、停留所以外での乗降は現実的には不可能です。

緑のミニバスは会社経営で、営業エリアが香港島、九龍、新界に分けられ、それぞれ独立した路線番号を持ち、料金は明示され、路線は比較的短距離です。他方、赤のミニバスは個人経営で、緑のミニバスと比較すれば長距離路線が多く、そのため出発地と目的地は一応決められていますが、走行する路線（経路）は決まっていません。料金は運転手が決め、行き先が途中で変更されることもあると言われています。また、赤のミニバスの中には満席になるまで出発しないバスや、24時間運行しているバスがあり、それは個人経営の赤のミニバスには路線や運行時間に規制がないからです。赤のミニバスの運賃は現金払いですが、緑のミニバスではＩＣカード「八達通」が使えます。

このような赤のミニバスは「愛嬌があり、ドライバーの個性丸出しの香港的な乗り物」と言われ、それは個人経営だからミニバスの運転手が自分の好きなように車内を飾り立て、好きな音楽を流し、大声で独り言をしゃべりながら運転しているからで、赤のミニバスはイギリス的な2階建てバスと比較すれば中国的な乗り物と言われています。

赤のミニバスが中国的な乗り物に映るのは、香港にはそれだけイギリスの文化や伝統、それに制度が色濃く残っているからです。しかし、乗り物に見られるイギリス文化は香港が中国に返還されたためにいずれ消滅し、中国の乗り物のように「文化のない乗り物」になってしまう可能性があります。香港の乗り物から伝統的なイギリス文化が消滅することが「文化の砂漠化」と言われ、それは香港の乗り物が「文化のない中国」の乗り物と同じになってしまうことを意味しています。

なお、「文化のない中国」とは中国には伝統的な文化がないことを言います。それは中国が建国されたのは1949年で、国としての歴史はわずか60年しかなく、また中国は1966〜1976年の「封建的文化と資本主義文化を批判し、新しく社会主義文化を創生しよう」とする文化大革命によってこれまでの文化をすべて破壊したからで、そのため中国は「文化のない国」になってしまいました。新しい社会主義文化として中国共産党によって創生された文化は模倣文化と拝金文化、暴力と恐怖で国民を支配する恐怖文化くらいと言われています。

イギリス風タクシーと縁起物

香港のタクシー（的士）は、営業エリアごとに車体色が赤色（屋根は銀色）、緑色（屋根は白色）、水色（屋根は白色）と決められています。赤色のタクシーは、かつては香港島と九龍地区を営業エリアとしていましたが、現在では「市区的士」と呼ばれ、香港全域を営業エリアとしています。緑色のタクシーは新界地区を営業エリアとしていることから「新界的士」と呼ばれ、水色のタクシーは大嶼山を営業エリアとしていることから「大嶼山的士」と呼ばれています。このような営業エリア制は、香港が割譲地と租借地から形成されていたため、割譲地である香港島と九龍地区は赤色のタクシー、租借地である新界地区と大嶼山は緑色のタクシーと水色のタクシーに割り当てられたと言われています。

営業エリアが定められているため、新界的士では香港島や大嶼山（香港国際空港は除く）まで直接行くことができず、エリア境界付近にあるタクシー乗り場でタクシーを乗り換えることになります。そのため、エリアを越えて移動しようとする場合には始めから赤色の市区的士を利用する方が便利ですが、市区的士の基本料金は新界的士や大嶼山的士よりも高く設定されています。また、海底トンネルを通って香港島と九龍を結ぶ専門のタクシーが過海的士と呼ばれ、普通のタクシーで海底トンネルを通れば往復分の海底トンネル通行料を乗客が負担しなければなりませんが、過海的士なら片道分で済みます。この過海的士と普通のタクシーの乗り場は、別々に設けられています。

そして、イギリスの統治下で形成された香港の交通管理は、高度に整備された民法と税制上の優遇措置や高い教育水準とともに香港の発展に大きく寄与し、また国際基準の賄賂防止規制（国際商取引における外国公務員に対する贈賄の防止に関する条約）の制定も香港の発展の基本的な要素になっていました。

他方、香港のタクシーにはクラウン・コンフォートのLPガス車が使われ、タクシーの中には日本が世界で最初に採用した自動ドアを装備しているものもあります。車両的には、香港のタクシーにはイギリスのロンドンタクシーのような文化と伝統は見られませんが、イギリスを起源とするチップの慣習があり、それはイギリスの慣習が香港に持ち込まれたからです。しかし、香港でのチップは香港の人々にとって重要な収入源になっています。

なお、タクシーだけに限ったことではありませんが、車のナンバープレートの文字や番号（数字）はイギリスと同じように香港でも売買され、香港ではアルファベットのない「9」ナンバーが自動車ナンバープレートとしては世界最高の1300万香港ドルで落札されたと言われています。それは、「9（九）」と「久」は広東語で同じ発音で、「永久」に通じる縁起の良い数字とされているからです。また、「8（八）」は「儲かる」「財産を築く」の意味に通じる「發」と発音が似ていることから「8」のナンバーも珍重され、「8888」などのナンバーは高額で取引されていると言われています。そして、ちょっとした物事に対して良い前兆だとか悪い前兆であるとかを気にすることを「縁起を担ぐ」と言い、このような風習は支那で生まれたもので、そのため香港でも縁起を担ぐ風習が根強く残っていて、タクシーの色の赤、緑、青も「吉」や「元気」など縁起の良いとされている色です。

香港返還と文化の砂漠化

1997年7月1日より香港は中国の特別行政区になり、香港では一国二制度（一国両制）がとられています。一国二制度とは、一つの国（中国）の中で二つの制度（社会主義と資本主義）が併存して実施されることを言い、香港特別行政区基本法は「香港特別行政区は社会主義の制度と政策を実施せず、従来の資本主義制度と生活様式を保持」（基本法第5条）するとしています。また、この状況は「50年間変えない」（同第5条）とされ、一つの国で社会主義（共産主義）と資本主義という二つの異なる制度が併存するのは世界でも初めての試みです。なお、香港特別行政区基本法とは英中共同声明の基本方針や政策を具体化した中国の国内法として1990年4月に制定された香港の「憲法」とも言うべき法律で、英中共同声明とは1997年7月以降の香港の地位に関するイギリスと中国の間で1984年に結ばれた合意文書（1985年5月発効）を言います。

中国政府は、現在の香港について「香港とマカオは国家主権と外交、軍事以外は自治を享受し」、一国二制度は「両地域に繁栄をもたらし、中華民族全体の復興のために大きく貢献している」と強調していますが、現実には一国二制度の歪みや矛盾点が浮き彫りになっています。

なお、イギリスが割譲地まで返還したのは、1984年の英中会談でイギリスが申し出た新界の租借の延長を鄧小平が拒否し、武力を行使してでも割譲地を奪還すると主張したため、サッチャーがやむなく返還に合意したからです。また、当時のイギリス国民の香港に対する関心は低く、香港を植民地として維持すべきであるという考えはなく、返還に際してもイギリスのパスポートを持つ350万人の香港人にイギリスの居住権を与えることに賛成する人は少なく、労働党と保守党の議員は5万人（家族を含め25万人）にイギリス在住権を与えるという法案に猛烈に反対しました。これは、植民地に過ぎなかった香港の中国人は非白人で、知能が劣り、野蛮で不衛生と、イギリスの人々が思っていたことを表しています。

他方、基本法の失効後の香港を共産党の独裁体制の下に置くための準備は香港の生活インフラとしての鉄道部門で着々と進められました。現在の香港では鉄道、地下鉄、輕鐵、昻坪360スカイレールを香港の一大鉄道会社の香港鐵路有限公司が保有・運行していますが、同社の株式の4分の3を香港政府つまり中国政府が保有し、また中国本土への直通列車も運行しています。中国本土への直通列車は、もともと九廣鐵路公司によって運行され、同社を吸収合併して成立したのが香港鐵路有限公司で、これは香港の鉄軌道網を共産党独裁体制の下に置くためと言われています。そのため、香港の乗り物から伝統的なイギリス文化が消滅し、香港の乗り物が「文化のない乗り物」になってしまうという「文化の砂漠化」が現在の香港で進行しています。

また、中国の建国以来、イギリスは中国からの難民や不法入国者の問題に悩まされ続け、難民などを収容するための膨大な高層住宅の建設や郊外での新たな居住区の開発などに伴う大きな財政負担を強いられたばかりか、「アジアの中の英国」だった香港は次第にスラム（貧民街）化していきました。

香港の中国化

東鐵線本線は1910年10月に開通した、九龍の尖東《チムトン》駅から中国との境界にある羅湖《ローウー》駅に至る全長35・5㎞の路線です。東鐵線はかつて九廣鐵路公司によって運営され、九廣東鐵と呼ばれていましたが、２００７年12月からは香港鐵路有限公司によって運営されています。東鐵線本線には馬《マー》場《ション》支線、尖沙咀《チムサーチョイ》支線、落馬洲支線があります。馬場支線は沙田《シャーティン》競馬場で競馬が開催される時にのみ運転される路線で、香港で競馬に人気があるのは近代競馬発祥の地であるイギリスの統治下にあったからです。尖沙咀支線は、東鐵線本線紅磡《ホンハム》駅と尖東駅を結ぶ路線で、東鐵線本線の延長という形になっています。

落馬洲支線は、東鐵線本線上水《シェンシュイ》駅から分岐して落馬洲駅を結ぶ全長７・４㎞の路線で、中国との出入境駅である東鐵線本線羅湖駅の混雑を緩和するために建設され、落馬洲駅は羅湖駅に次ぐ第２の出入境専用駅です。落馬洲駅は羅湖駅と同じように一般人の立入禁止区域（禁区）内にあり、禁区内住民証明書を所持していない者は駅の敷地外に出ることができず、それはこの禁区が中国から香港への不法入境を防ぐために設けられた区域だからです。

また、かつて東鐵線本線を運営していた九廣鐵路公司は九廣鐵路という名称が示すように、廣州・九龍直通車、北京・九龍直通車、上海・九龍直通車を運行していましたが、１９４９年の中国の建国によって直通列車の運転は中止されました。それは、イギリスは１９５０年に中国を国家として承認しましたが、国際社会（国際連合）では中国は国家として承認されていなかったからです。承認されたのは１９７１年で、直通列車は１９７８年４月に復活されました。

他方、西鐵線は２００３年12月に全線開通した、九龍の南昌《ナンチョン》駅と新界地区の屯門《テュンムン》駅間を結ぶ全長30・5㎞の路線です。2007年12月までは九廣鐵路公司によって運営され、九廣西鐵と呼ばれていましたが、現在は香港鐵路有限公司によって運営されています。この九廣西鐵の開業によって、新界地区の西部にある輕鐵線が西鐵線や地下鉄、さらには東鐵線本線と結ばれ、香港の鉄道ネットワークが一応完成し、2009年に九龍南線によって西鐵線と東鐵線本線が直接結ばれました。

なお、中国が建国された1949年以降は多くの難民が中国本土から香港に押し寄せ、1950年代末から1960年代には中国での大躍進政策による大飢饉や文化大革命などの内乱によって多くの難民が香港に不法入境しました。そのため、イギリス植民地政府は市街地まで到達できた不法入境者には香港居留権を与え、手前で捕まった者を中国に送還するという抵壘（ホームベース）政策によって不法入境者の数を制限し、市街地まで到達できた若い男性を安価な労働者として受け入れていました。そして、1970年代には受け入れた難民のために新界地区でニュータウンが建設されましたが、年々の不法入境者の受入によって1970年代末から労働者が過剰になったため、1980年に抵壘政策は廃止されました。しかし、1980年代の中国の改革開放の進展による農村と都市、沿岸部と内陸部の所得格差の拡大、官僚や公務員の汚職や腐敗の一層の拡大、インフレや失業が顕在化したことによって、香港で職を求める不法入境者が増加しました。

一方、1984年12月の英中共同声明で1997年7月に香港が中国に返還されることが発表されたため、中国共産党による一党独裁政府の支配を受けることを嫌う香港の富裕な人々はイギリス連邦内のカナダやオーストラリアなどへ移民しました。1989年に天安門事件が発生すると、「専制的で強権的、かつ国民に対する武力行使も辞さない中国の本質が明確になった」として、再び海外へ移民する人が続出しました。香港の返還が決まった直後から1997年までの10年間で約10万人が香港を脱出したと言われ、脱出は現在も続いています。

地下鉄とスラム化

1960年代までの香港の市街地は香港島と九龍地区に限られていました。しかし、1970年代には人口の増加によって旧市街地が手狭になったためイギリス植民地政府は新界地区の住宅地開発に乗りだし、開発されたニュータウンと旧市街地を結ぶ交通機関として地下鉄を建設・運営するために、1975年に地下鐵路公司を設立しました。

香港の地下鉄は、1979年の觀塘《グァンタン》線の開業以来「MRT」や「地鐵」と呼ばれて親しまれ、現在は7路線が運営されています。香港の地下鉄の便利さは、他線への乗り換え（対面乗り換え）とICカード「八達通《オクトパス》」にあり、車両には連結部に扉がなく貫通し、座席はすべてロングシートのステンレス製で、中吊りなど車内に紙メディアの広告がないという特徴があります。また地下鉄では喫煙はもとより飲食も禁止されていますが、携帯電話の使用には規制がなく、そのため周りの人々への迷惑などお構いなしに大きな声で通話している人がいます。それは、すでに香港ではイギリスの紳士的な伝統文化が消え、返還後は香港の人々が自己中心的で道徳心のない大陸の人々のようになりつつあるためと言われています。

他方、輕鐵《チンティエー》は新界地区北部一帯に点在するベッドタウンを結ぶ路面電車です。路線の終端が必ずループ線になっているため運転台は片側にしかなく、乗降扉も進行方向左側にのみ設置されています。表定時速は20㎞ですが、最高営業時速が70㎞に達することもあります。輕鐵では信用乗車方式が採用され、そのためホームで購入する乗車券は基本的には回収されません。ただし、抜き打ちの検札が行われ、不正乗車が発覚すると通常運賃往復分の50倍の罰金が科されると言われています。ヨーロッパでは信用乗車方式が採用されており、輕鐵の信用乗車方式は「紳士の国」と呼ばれるイギリス的で、香港の人々は「香港はアジアの中の英国」と言われることを誇りにしています。

しかし、その香港の人々は香港を貶めているのが大陸からの不法入境者を含む移民と考え、そのため移民は香港の人々によって差別されています。香港の返還以前にはイギリスの基本的人権の尊重によって移民政策にはある程度の寛容性があり、香港の人々もビルの建設工事や清掃作業などには従事したくないため移民の受入にある程度の理解を示していました。しかし、イギリス統治下の「古き良き香港」を知り、イギリス仕込みの文化が根づいている一部の香港の人々にとって、増大しつつある大陸からの非文化的な移民や不法入境者の存在は耐え難いものとなり、都市のスラム化は脅威になっていると言われています。

なお、スラムとは一般に職を求めて農村から都会に出てきた労働者が集まって形成された貧困地域（貧困街）とされ、香港のスラム化は深刻な所得格差を表しています。たとえば、香港の高級マンションには1億香港ドル（約10億円）を超える物件も少なくなく、家具付きの一軒家は平均で1325万香港ドル（約1億3000万円）と言われていますが、その一方で老朽化したビルの屋上には廃材を使って増築された違法な「掘っ建て小屋」があり、また高層マンションや洒落たショッピングセンターが立ち並ぶ香港の中心街の一角には、棺おけと大差ないスペースの「棺おけ部屋」で暮らす貧困者も存在し、その数は約120万人と言われ、全人口の約17%を占めています。

貧困者の大半が中国大陸からの移民や不法入境者で、中国の悪政から逃れてきた人々が香港を劣化させるという皮肉な構図になっています。そして、2009年の調査では「自分は中国人」であると認識している人々は2割に過ぎず、このことは香港返還が失敗で、香港を脱出する人が後を絶たないことを意味しています。

8 シンガポール

シンガポールの経済と交通

シンガポール共和国（以下、シンガポールと略す）は、東南アジアのマレー半島南端に隣接するシンガポール島と周辺の63の島嶼を領土とする都市国家で、イギリス連邦加盟国です。都市国家とは、一つの都市とその周辺地域がまとまって独立した政体をなす国家を言い、イギリス連邦とはイギリスとそのかつての植民地であった独立の主権国家から成る緩やかな連合を言います。シンガポールで最も大きな島がシンガポール島で、東西42㎞、南北23㎞、人口は約５４０万人、人口密度は７４８２人／㎢で世界第1位です。

１９６５年8月にマレーシア連邦から追放される形で都市国家として分離独立し、独立後は積極的な外資導入によって重工業を中心とする工業化政策を推進して、東南アジアでは最大級の工業国に成長しています。国民は、中国系が約74％、マレー系が約14％、インド系が約９％、その他が約３％で、多民族国家のシンガポールではそれぞれ異なるコミュニティが形成されているため多くの文化が共存しています。公用語が英語、マレー語、標準中国語、タミール語（南インドのタミール人の言語）であることから英語を話す人が多く、香港と並び欧米諸国の多国籍企業のアジア太平洋地域の拠点が置かれ、特に近年はニューヨーク、ロンドン、東京、香港に次ぐ世界第5位の世界金融センターと評価されています。

シンガポールは、人民行動党の事実上の一党独裁下にある典型的な国家資本主義体制の国家と言われ、シンガポールが国家資本主義体制を維持しているのは「アジアにはアジアの価値観があり、欧米流の人権や民主主義はシンガポールには馴染まない」との考え方によるものと言われています。政治ではシンガポール労働者党など野党の存在は認められていますが、その言論は大きく制限され、投獄や国外追放などの厳しい弾圧を受けています。普通の選挙が行われていますが、野党候補を当選させた選挙区民は税金が高くなったり、公団住宅の改装が後回しにされたり、いろいろな懲罰を受けます。

なお、国家資本主義とは国家が経済活動を主導することによって推進される資本主義を言い、共産主義から市場経済への移行期にあるロシアや、国際競争力の強化を図るインドやブラジルなどの新興国および中東産油国などで見られます。市場原理に基づいて企業が競争する西欧型の自由主義経済とは対照的な経済体制で、国営企業や政府系ファンドを通じて政府の政治的意向が経済に大きく反映され、そのため開発独裁国家と言われることもあります。

また、政府による選挙干渉やゲリマンダー（特定の政党や候補者に有利なように選挙区を区割りすること）は日常化していて、選挙は外国からの独裁批判を躱すためのお飾りと言われ、このため一般市民の政治への関心は低いものの、「政治的安定を享受している」との意見も一部にあります。政府の管理が行き届き過ぎているため、シンガポールは「管理社会国家」と呼ばれることがあります。

都市鉄道と厳罰主義

シンガポールにはMRTと呼ばれる都市鉄道が現在5路線あり、南北線、東西線、環状線をSMRTトレインズ、北東線、ダウンタウン線（第1期）をSBSトランジットが運営しています。都心部では地下線を走行し、他では高架線を走行していることから、地下鉄と紹介されることがあります。軌間はすべて1435㎜の標準軌ですが、電化方式は北東線のみが直流1500Vの架空電車線方式で、他の4線は直流750Vの第三軌条方式です。

2003年に開業した北東線では、鉄輪方式の鉄道としては世界初の無人運転が採用され、2012年に全線開業した環状線も、2013年に部分開業（第1期）したダウンタウン線も無人運転が行われています。工事中および計画中の路線には、ダウンタウン線（第2期2015年開業予定、第3期2017年開業予定）、トムソン線（2021年開業予定）、イースタン・リージョン線（2020年開業予定）、ジュロン・リージョン線（2025年開業予定）、クロスアイランド線（2030年開業予定）があります。

MRTの乗車券は非接触型ICカード式で、下車駅の自動改札機では回収されません。このため、乗車券購入の際に表示される運賃には1シンガポールドル（約80円）のデポジット料金が含まれていて、下車後に自動券売機に使用済みの乗車券を挿入するとデポジット料金が払い戻される仕組みになっていますが、払い戻しは乗車券購入後30日以内に制限されています。また、改札内での不必要な長居を規制するために乗車券には有効時間があり、同じ駅では改札通過後20分以内、4駅以内の移動では40分以内などと決められています。

他方、シンガポールは厳罰主義の国として知られ、MRTにも多くの禁止事項があり、列車内や駅構内での喫煙はもとより飲食も罰金の対象とされ、車内や駅構内をブラブラ歩き回ることも禁止されています。また、水洗トイレの流し忘れや紙屑のポイ捨て、水道水のムダ使いにも罰金が科せられ、ガムはポイ捨てをする人がいるため販売が禁止されています。これらの罰金額は1000シンガポールドルで、日本円で約8万円です。

このように厳しい厳罰主義が採用されているのは、シンガポールが多民族・多宗教国家で、狭い国土に価値観や生活習慣、公衆道徳レベルの異なる多くの国民や旅行者、駐在員、移民や出稼ぎ労働者がいるため、民族や宗教などにとらわれない法律を制定して等しく遵守を求め、それによって治安と秩序を維持し、迷惑行為を抑制し、街の衛生と景観を保とうとしているからです。なお、罰金だけではなく禁固刑やムチ打ち刑（50歳以上の高齢者と女性は免除）もあり、海外からの旅行者にも適用されます。

LRTと移民の管理・制御

シンガポールにはLRTと呼ばれている交通機関があり、それは自動運転によって案内軌条を走行する交通システムで、ゴムタイヤを使用し、案内軌条に併設された第三軌条から集電してモーターで走行します。それは日本でいう新交通システムで、一般的にはＡＧＴと呼ばれています。ＬＲＴにはブキ・パンジャン線、センカン線、プンゴル線があります。ブキ・パンジャン線はＳＭＲＴトレインズによって運営され、路線距離は７・８㎞で、中央案内方式が採用され、無人運転が行われています。センカン線とプンゴル線はＳＢＳトランジットによって運営され、路線距離はセンガン線が10・７㎞、プンゴル線が10・３㎞で、側方案内方式が採用され、無人運転が行われています。ブキ・パンジャン線の車両はカナダのボンバルディア社製のＣＸ－１００、センカン線とプンゴル線の車両は三菱重工業が海外輸出用に独自開発したクリスタルムーバーで、それぞれ1両編成で運行されています。また、チャンギ国際空港にも「スカイトレイン」と呼ばれるＬＲＴがあり、三菱重工業製の個性的なデザインのクリスタルムーバーが運行されています。

これらのＬＲＴは、ＭＲＴ駅と大規模高層住宅団地のあるニュータウンを結び、車両が住宅に接近する場所では住民のプライバシーを守るために車両の窓に自動的にスモークがかかります。プライバシーとは、個人や家庭内の私事・私生活、個人の秘密を言い、またそれが他人から干渉・侵害されない権利とされています。プライバシーの保護は当然のことと思われていますが、シンガポールでは文化や習慣の異なる人々が大規模高層住宅に居住しているからこそ必要な対策とされています。

シンガポールは、高度成長期に政府が大規模高層住宅団地を建設して国民の居住を推進したことから、国民の80％以上が団地住まいと言われています。そのため、シンガポールは他の人口密度の高い国や都市と異なり、面積の50％以上が公園や自然保護区の緑で覆われ、魅力的なガーデンシティを形成しています。なお、大規模高層住宅団地は都市中心部を取り囲むように島全体に配置され、その数は増加傾向にあり、そのため都市鉄道の整備が進められています。

他方、シンガポールは女性の高学歴化と晩婚化によって深刻な少子化問題に直面し、そのため政府は子供を出産しやすい環境整備として有給出産休暇期間の拡大や出産一時金の支給などを行っています。その効果は見られませんが、人口は増加しています。それは移民（在留外国人）の増加によるもので、政府は持続的な経済成長のためには人口増が必要であると考え、制御が可能な移民受入政策を進めています。シンガポールの人々が嫌う道路工事やメイド、工場作業などの仕事は、短期就労ビザによる外国人労働者に委ねられ、外国人が増え過ぎたと言われれば外国人労働者へのビザ発給の厳格化や永住権取得の規制が強化されます。

路線バスと超多民族文化

路線バスは、SBSトランジットとSMRTバスの2社によって運行され、その路線は市内のほとんどを網羅しています。ただし、市内全域を網羅するように路線が設定されているため、路線によっては終点の目的地まで最短距離を走行せず遠回りをするものもあります。

ＳＢＳトランジットは、世界第2位の規模を誇る運輸業者コンフォート・デルグロの子会社で、265路線で3000台のバスを運行し、ほとんどのバスの車内にテレビが設置されています。ＳＭＲＴバスは、シンガポールではコンフォート・デルグロに次ぐ規模のＳＭＲＴの子会社で、幹線47路線と支線20路線でバスを運行し、このほか一部の停留所に停車しない急行バス、ナイトバス（深夜バス）、通勤時間帯に運行される着席保証のプレミアムバス、セントーサ島行きのシャトルバスも運行しています。

両社によって運行されているバスには、一般的なシングルデッキ車のほかにダブルデッキ車（2階建てバス）とロングバスと呼ばれている連節バスもあります。ほとんどのバスにエアコンが装備され、バス停もよく整備されています。しかし、バス停には名称がなく、車内アナウンスもありません。車内アナウンスがないのは、多民族国家のシンガポールでは英語、マレー語、標準中国語、タミール語が公用語とされ、これらの言語が平等に扱われているため、車内アナウンスをこれらの公用語すべてで行うとバス停を通り越してしまうからと言われています。

また、シンガポールと隣国マレーシアを結ぶ国際バス路線があり、シンガポール北部のＭＲＴ南北線クランジ駅前のバスターミナルとマレー半島南端のジョホールバル間では約10分間隔で運行されています。国際バスが頻繁に運行されているのは、マレーシアから多くの人々がシンガポールに通勤しているからで、ジョホールバルでの出入国は平日の朝夕には通勤ラッシュによって混雑し、手続きに3時間位かかることもあると言われています。

なお、シンガポールが厳罰主義を採用しているのはシンガポールが多多民族国家であるために国内での民族問題に敏感にならざるを得ず、そのため民族対立を煽るような言論や表現を「煽動法」や「宗教調和維持法」などによって厳しく取り締まるためです。たとえば、「煽動法」では民族・人種憎悪にとどまらず一党独裁政府への不満表明も取締の対象とされ、5年以下の懲役または500シンガポールドル以下の罰金が科されています。

多民族国家のシンガポールは、「煽動法」や「宗教調和維持法」などに見られる厳罰主義によって民族紛争のない国造りを行い、それが超多民族文化と呼ばれています。また、厳罰主義の根本には「人間の本性は動物と変わらず、人間には訓練を施して規律を身につけさせることができる」という考え方が現政権にはあると言われています。そして、多民族国家のシンガポールを管理社会として形成し維持する手段が厳罰主義です。

自家用車抑制と交通管理

シンガポール市内の交通渋滞は深刻な社会問題となり、政府はその対策に腐心し、そのため自家用車の保有と利用に厳しい制限を設けています。保有については、国内の道路整備状況によって自動車の新規登録可能台数が定められ、有効期限10年の車両購入権（ＣＯＥ）の価格が入札によって決定されます。入札はインターネットを通じて行われ、入札価格は小型車や中型車など車種によって異なりますが、全車種共通の車両購入権の価格は２０１０年１月の約２万シンガポールドル（約１３０万円）から２０１１年１月には約７万１０００シンガポールドル（約４６０万円）に高騰するなど、経済の状況によって大きく変化します。

新車を購入する時には、輸入関税、市場価格の約１５０％に相当する物品税と登録料、道路税などが課せられ、それに車両購入権を合わせると車両価格の4〜5倍程度を支払うことになると言われています。このように自家用車登録台数が管理されているため自家用車の世帯普及率は約15％と低く、「自家用車に乗れるのはステータスだ」と言われています。

自動車の利用については、一定地域への車両の流入を抑制するために、特定地域への立ち入りに際してはクーポン購入を義務づけるロードプライシングが１９７５年に導入され、１９９８年３月からは世界初のプリペイドカードを利用した電子式道路料金徴収システム（ＥＲＰ）が導入されました。ＥＲＰは、日本の高速道路のＥＴＣを一般道に適用したようなものです。

ＥＲＰの対象区域は、商業中心地区の制限区域と、制限区域につながる幹線道路などで、対象車両は乗用車、タクシー、貨物車、バス、二輪車です。車載器にＩＣカード式のキャッシュカードを差し込み、制限区域の入口に設置されたガントリー（架空式ゲート）を通過すると、カードから料金が自動的に差し引かれます。課金額は30分ごとに設定され、料金体系は3か月ごとに改定されます。カードは銀行や郵便局、ガソリンスタンドなどで購入でき、銀行のATMやスーパーに設置されている専用機でチャージすることができます。

なお、当初は商業中心地区を制限区域に指定し、朝の通勤車を抑制するために午前中のピーク時間帯だけで実施され（1989年と1994年に時間帯が拡大）、制限区域へ進入する車両から通行料を徴収するという入域許可証制度でした。制限区域に進入する場合には、ドライバーは事前に紙製の入域証を郵便局や自動車登録事務所、境界線付近に設けられた販売所などで購入し、自動車のフロントガラスに貼り付け、それを制限区域の入口（33か所）で監視員がチェックしていました。入域証には1日券と1か月券があり、監視員が識別しやすいように車種別に形や月ごとに色が変えられていました。入域許可証制度は、商業中心地区の混雑緩和に一定の効果がありましたが、渋滞地域の拡大や渋滞の程度に応じた課金徴収に対応できず、監視員に人件費が掛かるためERPが導入されました。

タクシーと交通管理社会

物価の高いシンガポールではタクシー料金に割安感があり、多くの人によって利用されています。シンガポールではタクシー乗車時には全シートでシートベルトの着用が義務づけられ、乗客が違反した場合には運転手も乗客もそれぞれ罰金が科せられます。そのため「シンガポールは厳罰主義の国だ」「管理社会だ」と言われることがありますが、シートベルト着用の義務化は安全を考えれば当たり前のことで、罰金が科せられるのは人々が規制を守ろうとしないからです。シートベルト非着用に罰金を科している国はシンガポール以外にもあります。

なお、管理社会とは一般に人間が生活のあらゆる面にわたって管理される社会を言い、人間疎外が深刻化している現代社会を批判的にとらえた概念、あるいは人間が管理の対象となる統制が進んだ社会の否定的側面を表現する概念とされています。他方、管理とは組織を統制して施設を良い状態に維持すること、あるいは一定の規準などから外れないように全体を統制することを言い、このように交通が管理された社会は交通管理社会と呼ばれ、それは現代社会を批判的にとらえた概念や統制が進んだ社会の否定的側面を表現する概念とは異なります。シートベルト着用規制は、厳罰主義的な管理社会を表すものではありません。

タクシー料金はメータ制で、時間距離併用制が採用され、深夜割増もあり、これらは普通のことですが、シンガポールには独特の割増料金制度と追加料金制度があります。割増料金にはピーク時割増があり、それは通勤・帰宅時間帯には割増料金になるというものです。追加料金にはシティエリア（商業中心地区）料金と予約料金があります。シティエリア料金とは、シティエリアで乗車した場合には一定額の追加料金が加算されるというもので、ピーク時割増とシティエリア料金は自動車を抑制して混雑を解消するためのものです。予約料金とは、電話でタクシーを予約した場合には一定額の追加料金が加算されるというものです。なお、タクシーがＥＲＰガントリーを通過すれば、乗客がその料金を負担することになります。

他方、タクシーの料金はタクシー会社によって決められますが、タクシーのサービスの質については政府（シンガポール政府陸運局）が決定します。たとえば、２００４年にシンガポールタクシーアカデミーが創設され、快適で安全かつ能率的なサービスを提供できるようにタクシードライバーの養成・教育が行われています。また、タクシードライバーになるための資格には、運転免許を持っているのは当たり前ですが、そのほかに30歳以上のシンガポール市民であること、1年以上の運転経験があり無事故であること、簡単な英語を読むことと話すことができること、英語のほかにもう一つの公用語を話せることなどがあります。これは、タクシー利用者の立場に立った政策で、シンガポールが高度に発展した交通管理社会であることを表しています。

ダックツアーと欧米風文化

ガーデンシティと呼ばれる美しいシンガポールを訪れる海外からの観光客は多く、彼らに人気のツアーがダックツアーです。ダックツアーは、ベトナム戦争で使用されていた軍用車両を改造し可愛いアヒルの顔を描いた水陸両用車「ダック号」による約1時間のミニツアーで、市内中心部の主要な観光スポットを陸上からと海上から見ることができます。ダック号は、ベンジャミン・シアーズ橋のたもとから海に勢いよく入水し、テーマパークや遊園地のアトラクションのようなダックツアーは欧米人とりわけ冒険好きのアメリカ人観光客に大人気です。また、ダックツアーに人気があるのはダック号に乗務するガイドの「欧米風のもてなし」があるからで、それはシンガポールの超多民族文化が欧米の文化や価値観の影響を強く受けて形成されたことを意味しています。

シンガポールの国民は中国系、マレー系、インド系などですが、英語が公用語とされていることに欧米の文化や価値観の影響を強く受けていることが表れています。そもそも、シンガポールが多民族国家となったのは、イギリス植民地時代にシンガポールがインドやオーストラリア、支那などとの東西交易の拠点港として、またイギリス・インド・清国の三角貿易の中継地点港、天然ゴムや錫の積出港として発展し、港湾荷役労働者や貿易商、行政官吏として支那南部や南インド、現在のインドネシアなどから多くの移民がシンガポールに渡来したからと言われています。

そして、シンガポールの公用語は英語、マレー語、標準中国語、タミール語ですが、ビジネスや行政などでは一般的に英語が使われ、それはシンガポールがかつてイギリスの植民地であり、現在でも貿易や金融などで過度に欧米諸国に依存しているからと言われています。そのため、初等教育では必須科目の各民族語以外は英語で行われ、これはシンガポールでは多民族を超えた超多民族文化が形成されていることを意味しています。

しかし、シンガポールで話されている英語は独特のアクセントと、英語にはない語彙があり、他言語の文法もそのまま編入された独特の「シングリッシュ」と呼ばれるシンガポール英語です。政府は正しい英語を話すように国民に求め、大学にはシングリッシュ矯正講座もありますが、シングリッシュも超多民族文化の一つとして定着しています。

他方、ダックツアーとともに人気のあるツアーがヒッポツアーです。これは、2階建てバスの2階の天井の約半分がないセミオープントップバスを利用したツアーです。ヒッポとは動物のカバを意味し、2階建てバスの後部側面には大きなカバの絵が描かれています。この2階建てバスは、路線バスとして運用されていた車両の天井の一部や窓を取り除くという改造を施したバスで、観光客が自己責任で自由に楽しめるようになっています。

なお、シンガポールは多民族国家であるため伝統的に自己責任という価値観があり、この自己責任と管理社会が融合した競争社会になっています。たとえば、子供たちは10歳になるとテストを受け、最優等、優等、普通のグループに振り分けられ、普通グループの子供たちは工場やサービス業の職にしか就くことができないと言われています。つまり、シンガポールでの自己責任は徹底されていて、厳罰主義も自己責任の延長線上にあります。

観光開発と汚職の撲滅

シンガポールには世界的に有名なラッフルズ・ホテルやグッドウッド・パーク・ホテル、ザ・フラトン・シンガポールなどのホテルが立地し、航空ネットワーク的にはシンガポールは優位性を持っていますが、近隣のタイやマレーシアと比較すれば国家としての歴史が浅いため歴史的な観光資源に乏しく、またビーチなどの自然の観光資源にも恵まれていません。そのため、シンガポールでは政府と民間が協力して人工的な観光資源の開発が進められています。

たとえば、2008年3月には世界最大の観覧車「シンガポール・フライヤー」がマリーナエリアに完成し、同年9月には市街中心部の公道を利用してF1初の夜間レース「F1シンガポールグランプリ」が開催されました。また、セントーサ島にある複合リゾート「リゾート・ワールド・セントーサ」（RWS）のホテル群が2010年1月に、ショッピングモールと巨大カジノリゾート施設「マリーナベイ・サンズ」が同年2月に、テーマパーク「ユニバーサル・スタジオ・シンガポール」が同年3月にオープンしました。なお、セントーサ島とはシンガポール島の南にある東西約4㎞、南北約1.5㎞の島です。

このセントーサ島へは橋を渡ってバスやタクシー、徒歩でも行けますが、いずれも入島料が徴収されます。このほか、セントーサ島へのアクセス手段にはモノレールとケーブルカー（日本でいうロープウェイ）があります。モノレールは跨座式で、「セントーサ・エクスプレス」と呼ばれ、セントーサ開発公社によって運行され、シンガポール島南端のハーバーフロント地区にある大型複合施設「ヴィーヴォシティ」3階のセントーサ駅〜ウォーターフロント駅〜インビアー駅〜ビーチ駅間2・1㎞を約5分で結んでいます。

なお、セントーサ駅のあるヴィーヴォシティにはMRT北東線と環状線のハーバーフロント駅があり、建物内でMRTへの乗換が可能です。ウォーターフロント駅はRWSの最寄り駅で、ビーチ駅はセントーサ島の玄関口にあたり、島内を網羅する複数の交通機関への乗換ができます。かつては島内観光のために跨座式のセントーサ・モノレールが運行されていましたが、セントーサ・エクスプレス建設の障害となるため廃止・撤去され、現在では島内観光のためにバスとビーチトラムが運行されています。

なお、小国で天然資源がなく、多民族のシンガポールが発展したのは、通信網と交通網を整備して外国資本を誘致し、英語を公用語の一つに定め、上級官僚に高額の報酬を支払って効率的な政府をつくり、個人の自由を厳しく制限して汚職を撲滅したからと言われています。

環境保全と民族的迷信

シンガポールのウォーターフロントを海上から観光するリバークルーズには、ヒッポ・リバークルーズとシンガポール・リバークルーズがあります。ヒッポ・リバークルーズでは一層の平甲板構造の船が使われ、船首部分には屋根がなく、簡単な構造の船ですが、太陽電池を採用した地球に優しい船で、ガイドが乗務します。

シンガポール・リバークルーズでは伝統的な船型のバムボートが運航され、それは木造の平底の船で、かつてはシンガポール川などを行き来する行商船や、埠頭に接岸できないために沖合に停泊した大型船から積荷を物揚場まで運搬する艀、あるいはシンガポール島周辺の小島との間を行き来する貨物船として使われていました。バムボートは、イギリス植民地時代から150年以上活躍してきましたが、1983年に始まった「川の美化運動」によって中心部での貨物の運搬が禁止され、そのためシンガポール川とマリーナベイを行き来する観光客向けのリバークルーズ船として運航されるようになりました。

バムボートの舷側には古タイヤが括り付けられ、歴史的な観光資源のないシンガポールでは味わいのあるボートとして観光客に人気があります。バムボートは、2008年に航行域の水質保全のために動力機関がディーゼル機関から電気機関に置き換えられました。

他方、リバータクシーがクラークキーとシンガポール川河口間などで運航され、船尾のオープンデッキ部分を除き、屋根のある部分には赤い提灯が飾られ、舷側と船首には古タイヤが括り付けられています。

バムボートやリバータクシーの船首には「目」が描かれていて、これは迷信ですが「幸運のシンボル」と言われています。なお、迷信とは自然現象などに対する観察・経験・解釈から起こり蓄積された知識あるいは俗信のうち、合理的根拠がなく、社会生活に実害を及ぼすものや道徳に反するような知識あるいは俗信とされています。他方で、迷信は古い宗教の信仰形態が断片的に残存したものと言われ、また自己を正信とする既成宗教は民間信仰や新興宗教などを迷信や邪信と呼ぶことがあります。西ヨーロッパの心理学では迷信は非科学的な考えに基づく信念もしくは行動で、機能的な精神特性を非精神的な事象に求める考え方とされています。ただし、迷信と呼ばれているものの中には科学的に正しいものもあります。

迷信を信じる人が多いのは中国系の国民が多いからですが、シンガポールが管理社会だからこそ精神的な安らぎを求めて迷信が信じられていると言われています。他方で、迷信は識字率の低さに関係していると言われ、シンガポールでは英語を公用語とし、英語での教育による英語の識字率の上昇によって英語圏の迷信がなくなり、マレー系の人々の「黒魔術」(他人に危害を与えるための技や、自己の欲求・欲望を満たすために行われる魔術のこと)という迷信もなくなったとされています。

文化の創造・保存と国家資本主義

シンガポールの三輪自転車タクシーはトライショーと呼ばれ、客席が自転車本体の横にあるサイドカー型です。トライショーがシンガポールに入ってきたのは1914年とされ、1920年代に本格的に普及し、当時のトライショーのドライバーは中国系移民の仕事になっていたと言われています。

トライショーは、シンガポールの人々の重要な生活交通手段でしたが、独立後の経済発展によってバイクや自動車が普及するとトライショーが減り始め、次第に生活交通手段から観光資源・観光手段へと変化していきました。人々に親しまれてきたトライショーの減少を惜しむ声が上がり、シンガポール政府観光局は「シンガポールの歴史を伝える重要な乗り物」としてトライショーの保存に乗り出しました。そして、トライショーを事業として運営する企業が公募され、認可を受けたトライショー・アンクル社が2010年9月よりトライショーの運行を始めました。なお、トライショー・アンクルは旧来型の車両に換えて、ドライバーの肉体的負担を軽減するためにバッテリーを搭載した電動アシスト機能付の車両を導入しました。

なお、三輪自転車タクシーはアジアの国々では現在でも人々の重要な生活交通手段になっていますが、三輪自転車タクシーが自然消滅した国や、政策的に廃止されたり都市部から排除されたりした国もあります。政策的に廃止・排除されたのは、三輪自転車タクシーが植民地時代からの「停滞するアジア」「アジアの貧困」を象徴していると考えられ、停滞や貧困というイメージを払拭するためと言われています。しかし、シンガポールで三輪自転車タクシーが保存されたのは、肯定的な意味合いで、シンガポールの経済体制が普通の資本主義体制ではなく国家資本主義体制だからこそ可能であったと言われています。

他方、多民族国家のシンガポールでは国民は中国系、マレー系、インド系、その他に分類され、それぞれの集団の文化や生活様式、言語が平等に尊重され、政府が宗教的中立性と宗教的平等性を掲げているため人々が信仰する宗教も多様で、シンガポールにはいろいろな宗教建造物が破壊されることなく残されています。たとえば、1928年に建造されたサルタン・モスクはシンガポール最大最古のイスラム教寺院で、スリ・マリアマン寺院は1827年に完成したシンガポール最古のヒンドゥー教寺院です。

なお、シンガポールでの徹底した英語教育によって欧米風文化と価値観が根づき、経済発展の産物として波及した物質主義が若者たちの道徳規範の低下と文化の消滅を招く恐れがあると考えられていました。そのため、伝統文化やそれに付随する価値観を継承させるために1984年に中等教育において道徳教育のための宗教知識科コースが導入されました。しかし、宗教熱が高まり布教活動が活発化し、また政府が意図した儒教倫理よりも聖書知識を多くの生徒が選択したため、1990年に廃止されました。また、欧米風文化と価値観の浸透による道徳規範の低下も厳罰主義導入の一つの要因になっています。

おわりに

隠れた文化には、一般に知られていない文化と意図的に隠された文化があり、一般に知られていない文化は単に人が知ろうとしないだけのものもあれば、その文化についての情報が隠されているわけではありませんが、ほとんど存在しないものもあります。断片的な情報や偏った情報しか持っていない人は、本当の情報に接したときには自分勝手に創り上げたイメージの崩壊を防ぐために拒絶反応を起こし、それが批判的な内容の情報の場合には「悪口」と決めつけ、真実を受けとめようとしないことがあります。今話題になっている室谷克実『呆韓論』（産経新聞出版、2013年）の広告用キャッチコピーは「悪口ではありません、事実です」とし、また拙著『乗り物から見たアジアの文化』（成山堂書店、2012年）で著者は、まえがきの中で「『悪口ばかり書いてある』との批判を受けそうですが、書かれていることは事実です」と記しました。事実を事実として受け入れられないのは、日本では「外国の悪口は言わない」という政府の方針の下で情報操作が行われ、日本政府によって意図的に隠されている文化が外国にはあるからです。

情報はネット上に溢れていますが、信頼できる情報はほとんどなく、アジアの国々についての確かな情報を得ようとすれば外務省のホームページなどを閲覧することになります。しかし、政府は外交的配慮という名目で意図的に隠している情報があり、アジアの中でもとくに中国と韓国の情報については隠していることが非常に多いと言われています。政府が隠していることについては、その内容によっては「悪口ではなく事実です」と記述しなければならないほど情報操作が徹底されていて、そのため本書についても「悪口ではなく事実です」と記しておきます。

本書では、アジアの隠れた文化をそれぞれ国別に簡単に紹介しましたが、最も興味を持たれたのは中国や韓国ではなくシンガポールだと思います。シンガポールは独裁国家と呼ばれていますが、主要なアジア諸国（北アジアと西アジアを除く）の中で幸福度が最も高く、1人あたりGDPが最も多く、汚職の最も少ない国です。それは、現政権の「アジアにはアジアの価値観があり、欧米流の人権や民主主義はシンガポールには馴染まない」という考え方に基づいた政策によるもので、欧米の価値観からすれば問題はありますが、アジアの一つの発展モデルとして位置づけられると思います。

なお、本書では紙幅の関係でインド、マレーシア、フィリピン、インドネシア、ミャンマーなどについては取り上げることができなかったため、いずれ続編としてこれらの国々の隠れた文化についても紹介したいと思います。

著者紹介

澤 喜司郎（さわ きしろう）山口大学経済学部教授

［主な著作］

『交通と乗り物文化』（共編著），成山堂書店，2008 年

『アジアの交通と文化』（単著），成山堂書店，2009 年

『港都横浜の文化論』（共編著），関東学院大学出版会，2009 年

『観光旅行と楽しい乗り物』（単著），成山堂書店，2010 年

『乗り物に見るアジアの文化』（単著），成山堂書店，2012 年

『日本の文化と乗り物』（単著），成山堂書店，2013 年

『世界を読む 国際政治経済学入門』（単著），成山堂書店，2013 年

その他

ISBN978-4-303-16403-4

アジアの隠れた文化

2014 年 8 月 12 日　初版発行

著　者　澤喜司郎

検印省略

発行者　岡田節夫

発行所　海文堂出版株式会社

本社　東京都文京区水道 2-5-4（〒112-0005）

電話 03(3815)3291(代)　FAX 03(3815)3953

http://www.kaibundo.jp/

支社　神戸市中央区元町通 3-5-10（〒650-0022）

日本書籍出版協会会員・工学書協会会員・自然科学書協会会員

PRINTED IN JAPAN　印刷　田口整版／製本　誠製本